Duden

Jetzt werde ich Mathe-Champion

1. Klasse

Dudenverlag
Berlin

Quellenverzeichnis

Deutsche Bundesbank, Frankfurt am Main: S. 41, 42, 66, 70

**Bibliografische Information
der Deutschen Nationalbibliothek**
Die Deutsche Nationalbibliothek verzeichnet diese
Publikation in der Deutschen Nationalbibliografie;
detaillierte bibliografische Daten sind im Internet
über http://dnb.dnb.de abrufbar.

Das Wort **Duden** ist für den Verlag
Bibliographisches Institut GmbH als Marke geschützt.

© Duden 2018   D C B A
Bibliographisches Institut GmbH
Mecklenburgische Straße 53, 14197 Berlin

Redaktionelle Leitung: Constanze Schöder
Redaktion: Eva Günkinger
Autorinnen: Ute Müller-Wolfangel und Beate Schreiber
Gutachterinnen: Prof. Dr. Elsbeth Stern,
Barbara Hohl-Krähenbühl

Herstellung: Uwe Pahnke
Layout: Bachmann Design, Weinheim
Illustration: Barbara Scholz und Sandra Reckers
Umschlaggestaltung: 2issue, München
Satz: Bachmann Design, Weinheim
Umschlagillustration: Shutterstock (Ovocheva),
Sandra Reckers
Druck und Bindung: M. P. Media Print
Informationstechnologie GmbH, 33100 Paderborn

Printed in Germany
ISBN: 978-3-411-72097-2
www.duden.de

In diesem Buch findest du die wichtigsten Inhalte des Mathe-
unterrichts in der 1. Klasse. Es ist in fünf große Kapitel
aufgeteilt. Du erkennst sie an den Farben und an den kleinen
Bildern in der Kopfzeile:

 **Zahlen und Grundrechen**

 **Raum und Form**

 **Muster und Strukturen**

 **Größen**

 **Daten und Sachsituationen**

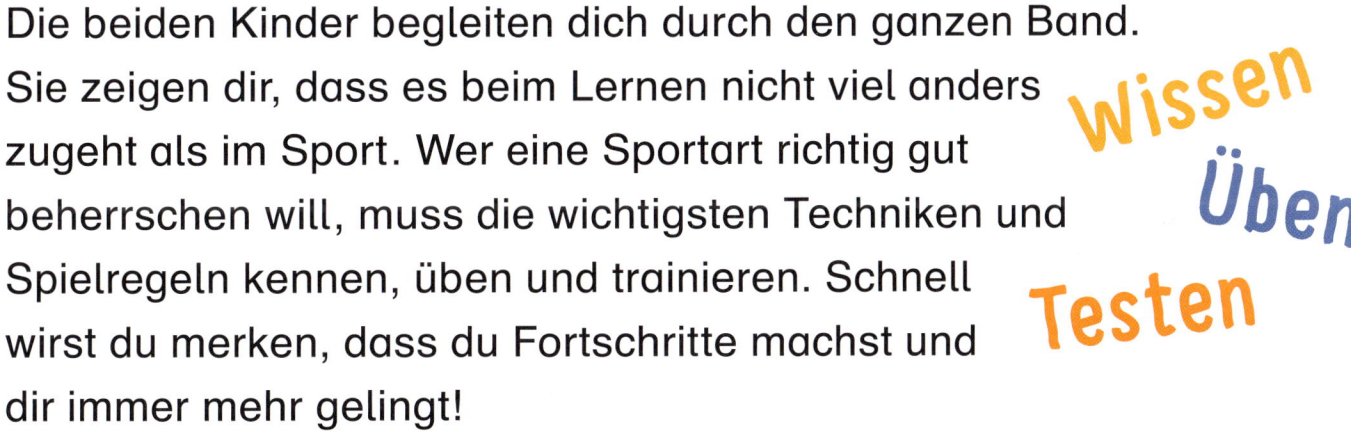

Die beiden Kinder begleiten dich durch den ganzen Band.
Sie zeigen dir, dass es beim Lernen nicht viel anders
zugeht als im Sport. Wer eine Sportart richtig gut
beherrschen will, muss die wichtigsten Techniken und
Spielregeln kennen, üben und trainieren. Schnell
wirst du merken, dass du Fortschritte machst und
dir immer mehr gelingt!

Wissen
Üben
Testen

Wenn du alle Übungen einer Doppelseite gelöst
und mit dem **Lösungsteil** hinten im Heft überprüft hast,
kannst du das **Daumenkino**-Bild am rechten Seitenrand
ausmalen. So behältst du immer den Überblick darüber,
welche Seiten du schon bearbeitet hast.

 Beim Training unterstützt dich das **Zwanzigerfeld** mit den
Plättchen von der hinteren Ausklappseite. Du findest bei
den entsprechenden Übungen dieses Symbol.

Inhaltsverzeichnis

  **Muster und Strukturen**

  **Größen**

  **Daten und Sachsituationen**

Los gehts! Jetzt werden wir Mathe-Champions!

Der Arbeitsplatz

- Suche dir einen ruhigen Arbeitsplatz.
- Stelle dir etwas zu trinken bereit.
- Sorge für einen aufgeräumten Arbeitsplatz.
- Lege deine Arbeitsmaterialien bereit.

Die Arbeitsweise

- Finde deine beste Übungszeit heraus.
- Übe regelmäßig.
- Suche dir aus, was du üben willst.
- Teile dir den Übungsstoff gut ein:
  nicht zu viel und nicht zu wenig.
- Arbeite konzentriert.
- Vergiss die Pausen nicht.
- Überprüfe deine Ergebnisse.
- Freue dich über deinen Erfolg.
- Zeige anderen, was du geleistet hast.

Üben im Alltag

- Zahlen in der Umwelt suchen und aufschreiben
- eine Schnur mit zwanzig Perlen, Knöpfen ... auffädeln

- Strichlisten führen: Autos zählen (nach Farbe, Automarke, Kennzeichen ...), Spielzeug zählen (Autos, Bauklötze, Kuscheltiere ...), Bücher zählen (nach Größe, Farbe, Dicke ...)
- Formen in der Umwelt suchen und abmalen
- Rechengeld auf der Bank besorgen
- Einkaufen spielen
- Gegenstände messen (mit der Hand, mit Schritten ...) oder aus dem Bau- oder Möbelmarkt ein Maßband mitnehmen

Wissen und Verstehen

So kannst du Zahlen darstellen:

0			6	⊪⊪ I
1	I		7	⊪⊪ II
2	II		8	⊪⊪ III
3	III		9	⊪⊪ IIII
4	IIII		10	⊪⊪ ⊪⊪
5	⊪⊪			

Üben 1 Fahre nach.

Üben 2 Welche Zahl steckt dahinter?

II	⊪⊪	III	⊪⊪ ⊪⊪	⊪⊪ III

Üben 3 Ergänze.

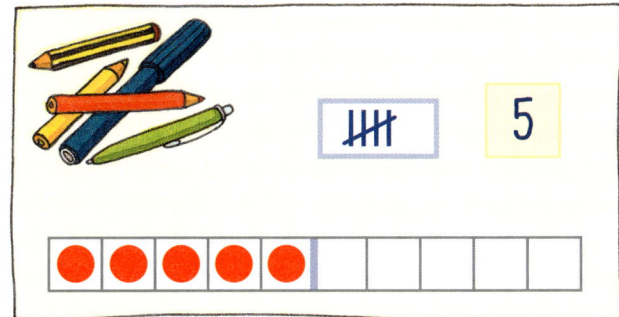

Üben 4 Zu jedem Bild gehört eine Zahl.

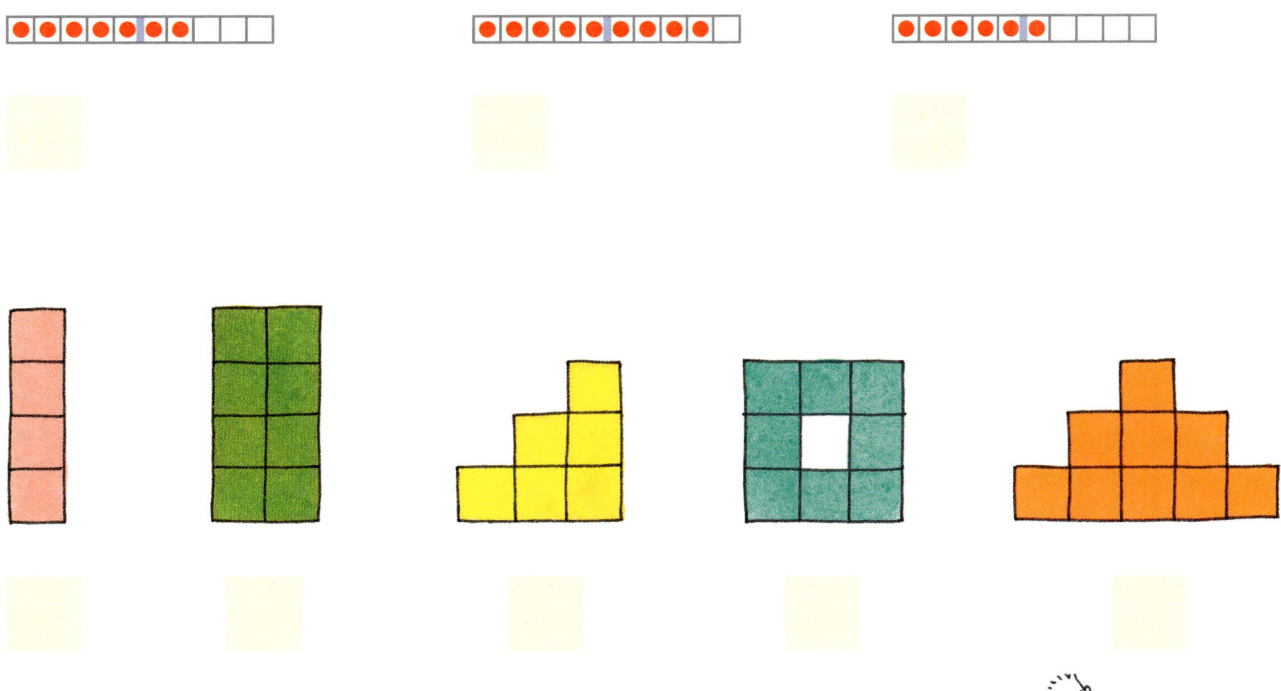

Wissen und Verstehen

So kannst du die Zahlen 11 bis 20 darstellen:

11 ●●●●● | ●●●●●
    ●

16 ●●●●● | ●●●●●
    ●●●●● | ●

12 ●●●●● | ●●●●●
    ●●

17 ●●●●● | ●●●●●
    ●●●●● | ●●

13 ●●●●● | ●●●●●
    ●●●

18 ●●●●● | ●●●●●
    ●●●●● | ●●●

14 ●●●●● | ●●●●●
    ●●●●

19 ●●●●● | ●●●●●
    ●●●●● | ●●●●

15 ●●●●● | ●●●●●
    ●●●●●

20 ●●●●● | ●●●●●
    ●●●●● | ●●●●●

10 Einer (E) kannst du auch als **1 Zehner (Z)** schreiben.

Üben 1

Schneide das Zwanzigerfeld und die Plättchen von der Ausklappseite hinten aus. Lege die Zahlen mit Plättchen nach und male aus.

Üben 2 Kreise immer 10 ein. Zähle und notiere.

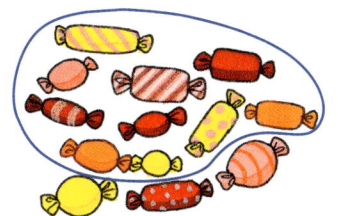

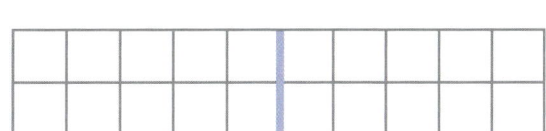

Z	E
1	3

13

Z	E

Z	E

Üben 3 Zähle.

Üben 4 Da fehlt doch was!

1		3		6			10
		14					

Wissen und Verstehen

Du kannst Zahlen miteinander vergleichen und nach der Größe ordnen.

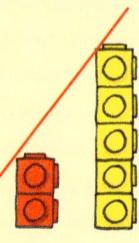   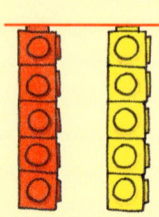   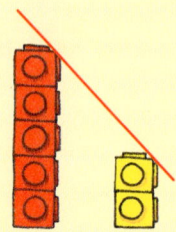

Schreibe:

2 < 5   5 = 5   5 > 2

Sprich:

| 2 **ist kleiner als** 5 | | 5 **gleich** 5 | | 5 **ist größer als** 2 |

Üben 1 Vergleiche.

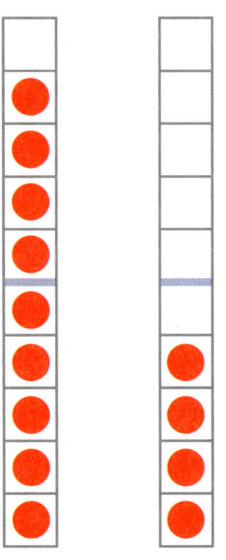   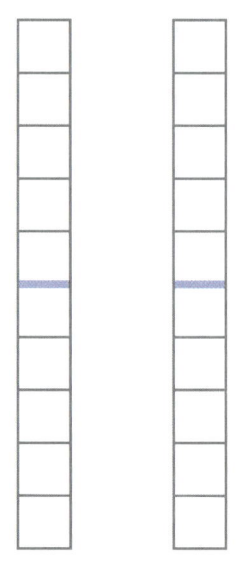   

9 > 4   3 ⬤ 7   10 ⬤ 1

Üben 2 Vergleiche immer zwei Würfelbauten.

  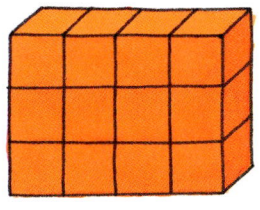 

4 < 6

 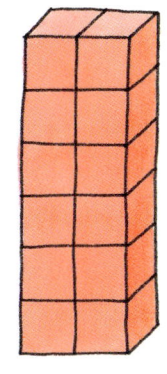 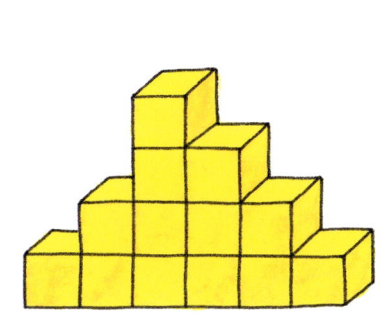 

Üben 3 <, =, >?

3 ⬤ 13	10 ⬤ 0	17 ⬤ 18
7 ⬤ 17	15 ⬤ 9	13 ⬤ 13

Üben 4 Setze passende Zahlen ein.

☐ > 5	15 < ☐	☐ < ☐
☐ > 5	15 < ☐	☐ > ☐
☐ > 5	15 < ☐	☐ = ☐

13

Wissen und Verstehen

Jede Zahl hat auf dem Zahlenstrahl einen festen Platz.

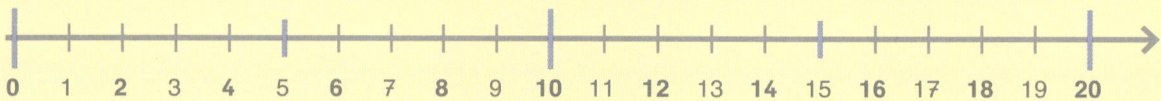

0 1 2 3 4 5 6 7 8 9 10 11 12 13 14 15 16 17 18 19 20

Das sind **gerade Zahlen:** 2, 4, 6 …

Das sind **ungerade Zahlen:** 1, 3, 5 …

Jede Zahl hat zwei Nachbarn – einen **Vorgänger** und einen **Nachfolger.**

  4 steht vor 5. 4 ist der Vorgänger von 5.

  18 steht hinter 17. 18 ist der Nachfolger von 17.

Üben 1 Lies die Zahlen ab.

0

Üben 2 Ergänze.

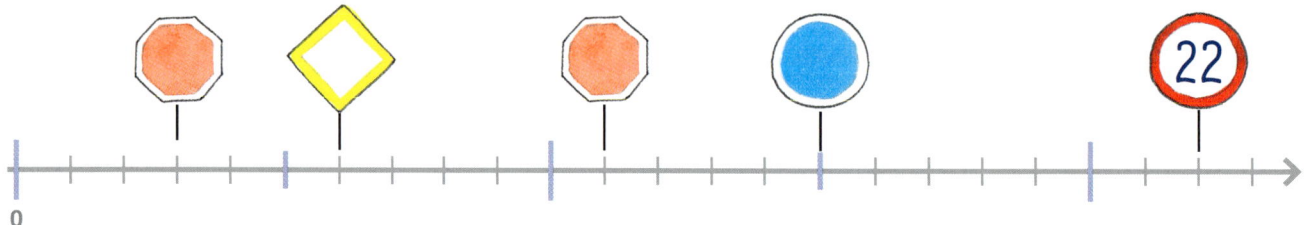

Vor-gänger	Zahl	Nach-folger
2	3	4
	6	

Vor-gänger	Zahl	Nach-folger
	15	
		11

Wissen und Verstehen

Du kannst Zahlen zerlegen.

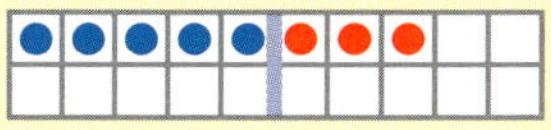

$5 + 3 = 8$

Sprich: 5 **plus** 3 **gleich** 8

Üben 1 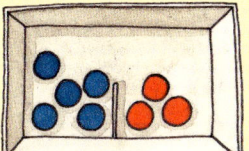 Ergänze.

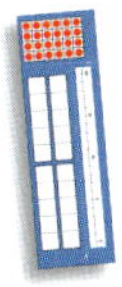

$2 + 7 = 9$

.... + ... = ...

.... + ... = ...

$4 + 11 =$ ....

Zahlen zerlegen

Üben 2  Immer 10. Finde alle Zerlegungen.

$\underset{\text{10}}{\dots} + \underset{0}{\dots} = 10$

$\underset{9}{\dots} + \dots = 10$

$\dots + \underset{2}{\dots} = 10$

$\dots + \dots = 10$

$\dots + \dots = 10$

$\dots + \dots = 10$

$\dots + \dots = 10$

$\dots + \dots = 10$

$\dots + \dots = 10$

$\dots + \dots = 10$

$\dots + \dots = 10$

Das fällt mir auf: ....

Die Zahl 10 hat ☐ Zerlegungen.

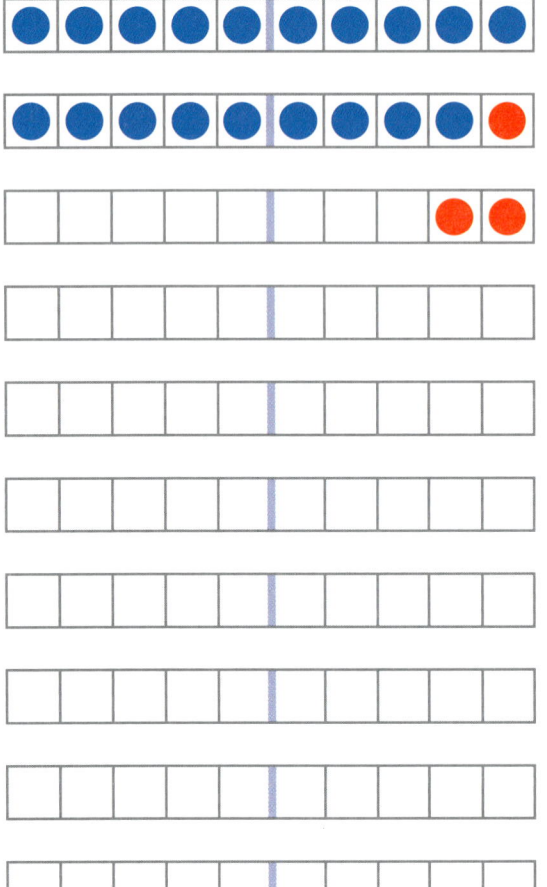

16

Üben 3 Ergänze.

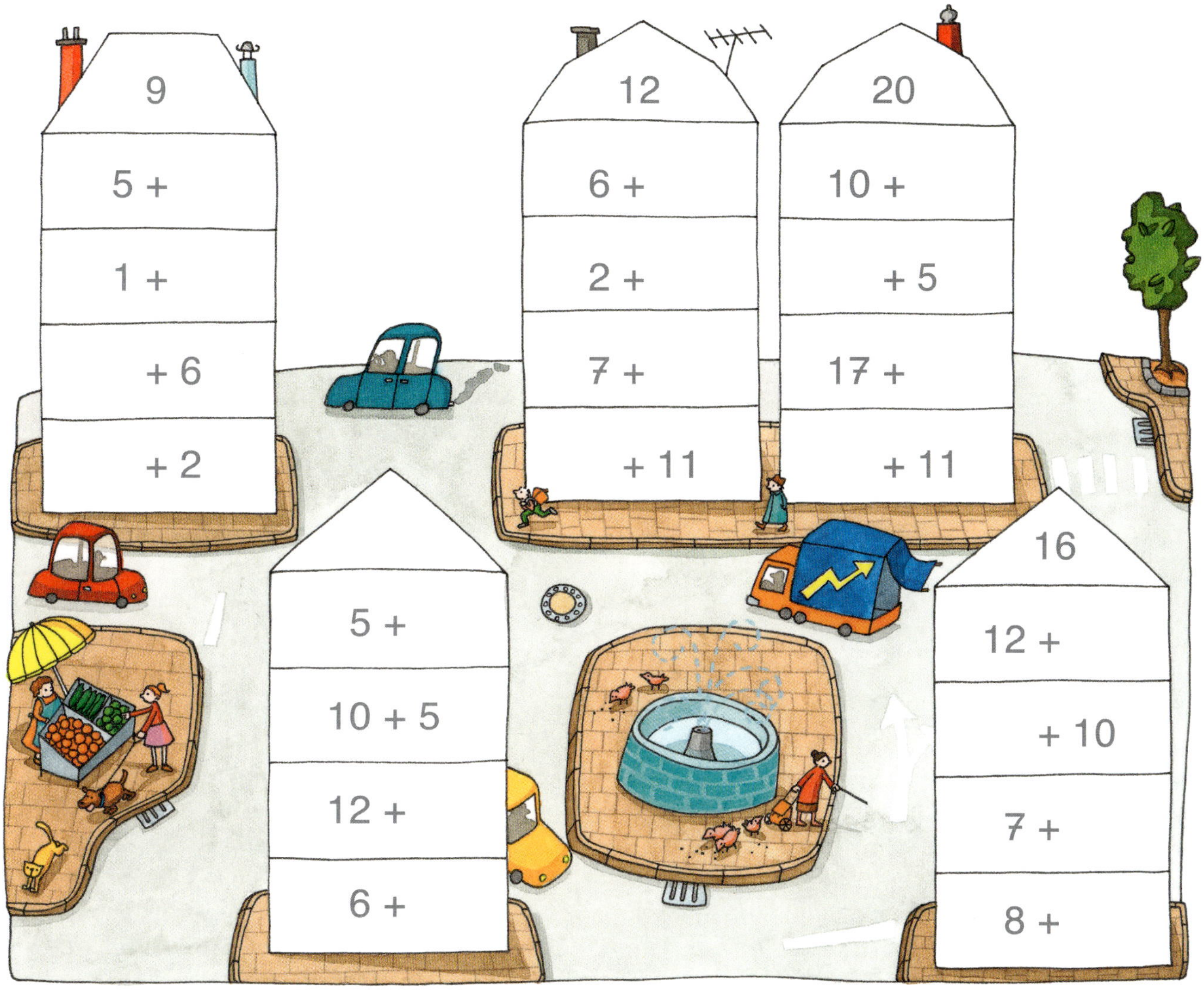

9

5 +

1 +

+ 6

+ 2

12

6 +

2 +

7 +

+ 11

20

10 +

+ 5

17 +

+ 11

5 +

10 + 5

12 +

6 +

16

12 +

+ 10

7 +

8 +

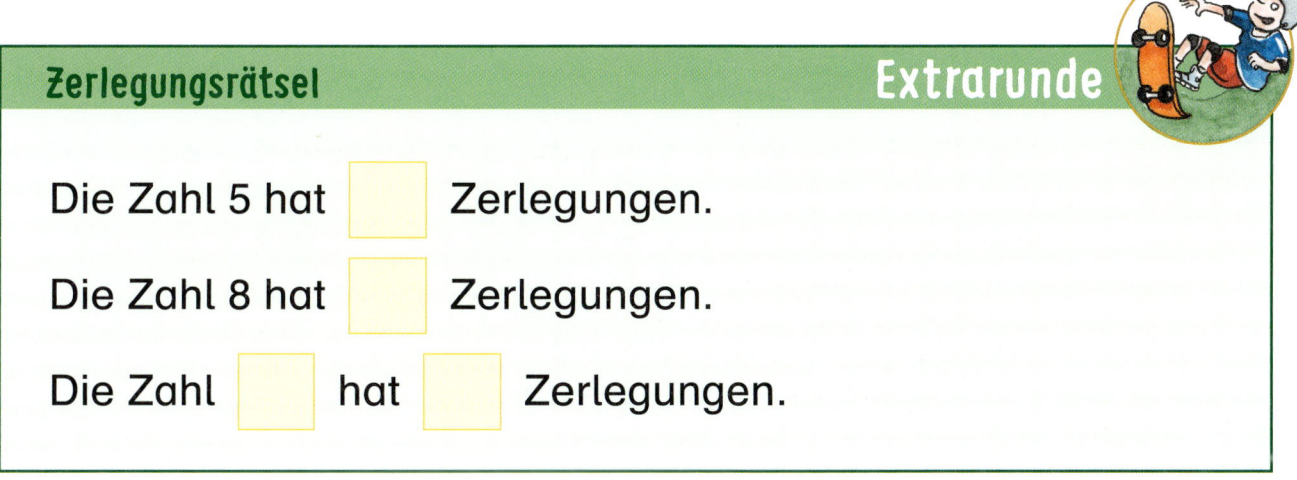

Zerlegungsrätsel	Extrarunde

Die Zahl 5 hat ☐ Zerlegungen.

Die Zahl 8 hat ☐ Zerlegungen.

Die Zahl ☐ hat ☐ Zerlegungen.

Wissen und Verstehen

Das sind Plusaufgaben.

 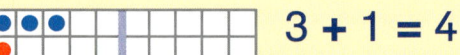 $4 + 3 = 7$

Sprich: 4 **plus** 3 **gleich** 7

  $3 + 1 = 4$

Sprich: 3 **plus** 1 **gleich** 4

Üben 1 Schreibe die Plusaufgabe und rechne.

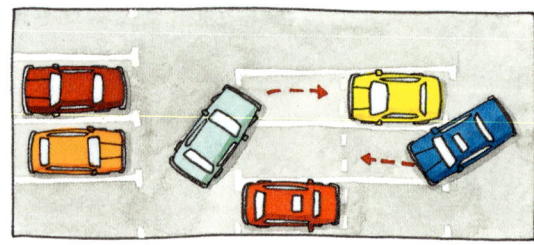   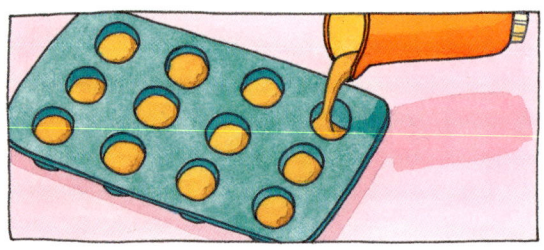

....

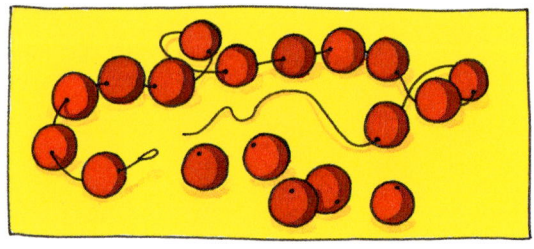   

....

Üben 2 Zu jedem Würfelbild passt mindestens eine Plusaufgabe.

..6.. + ..2.. = ... + ... = ... + ... = ...

Üben 3 Male die Würfelaugen und rechne.

5 + ... = 9   4 + ... = 10   6 + ... = 12

Üben 4 Ergänze.

Üben 5 Lege und rechne.

+	1	2	5	6	8	0
4						
9						

19

Wissen und Verstehen

Bei Plusaufgaben kannst du die Zahlen tauschen.
Das Ergebnis bleibt gleich.

Aufgabe: $3 + 8 = 11$

Tauschaufgabe: $8 + 3 = 11$

Üben 1 Schreibe eine Plusaufgabe und die Tauschaufgabe.
Überlege, welche Aufgabe du schneller rechnen kannst.

$2 + 6 = $ .... $+$ .... $=$ .... $+$ .... $=$ ....

$6 + 2 = 8$ .... $+$ .... $=$ .... $+$ .... $=$ ....

Üben 2 Mit der Tauschaufgabe rechnest du schneller und sicherer.

$5 + 7 = $ _12_ $4 + 12 = $ .... $13 + 7 = $ ....

$7 + 5 = 12$ .... $+$ .... $=$ .... $+$ .... $=$ ....

Wissen und Verstehen

Das sind besondere Plusaufgaben.

3 + 3 = 6

Sprich: | 3 **plus** 3 **gleich** 6 | oder | das Doppelte von 3 ist 6 |

5 + 5 = 10

Sprich: | 5 **plus** 5 **gleich** 10 | oder | das Doppelte von 5 ist 10 |

Üben 1  Löse die Verdopplungsaufgaben.

4 + 4 = ...

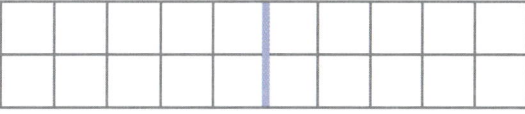

7 + ... = ...

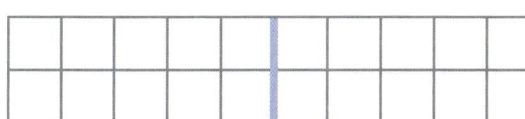

9 + ... = ...

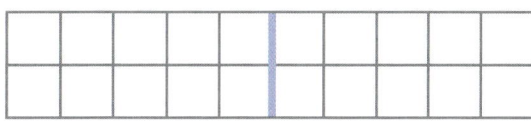

6 + ... = ...

Üben 2 Markiere das Doppelte von 1, 2, 3 ...10.

Was fällt dir auf? ....

Wissen und Verstehen

Bei Plusaufgaben kannst du zuerst die „leichte" Aufgabe rechnen. Man nennt sie auch **Analogieaufgabe.**

Aufgabe: $14 + 2 = \square$

Analogieaufgabe: $4 + 2 = 6$

Üben 1 Immer zwei Kärtchen gehören zusammen.

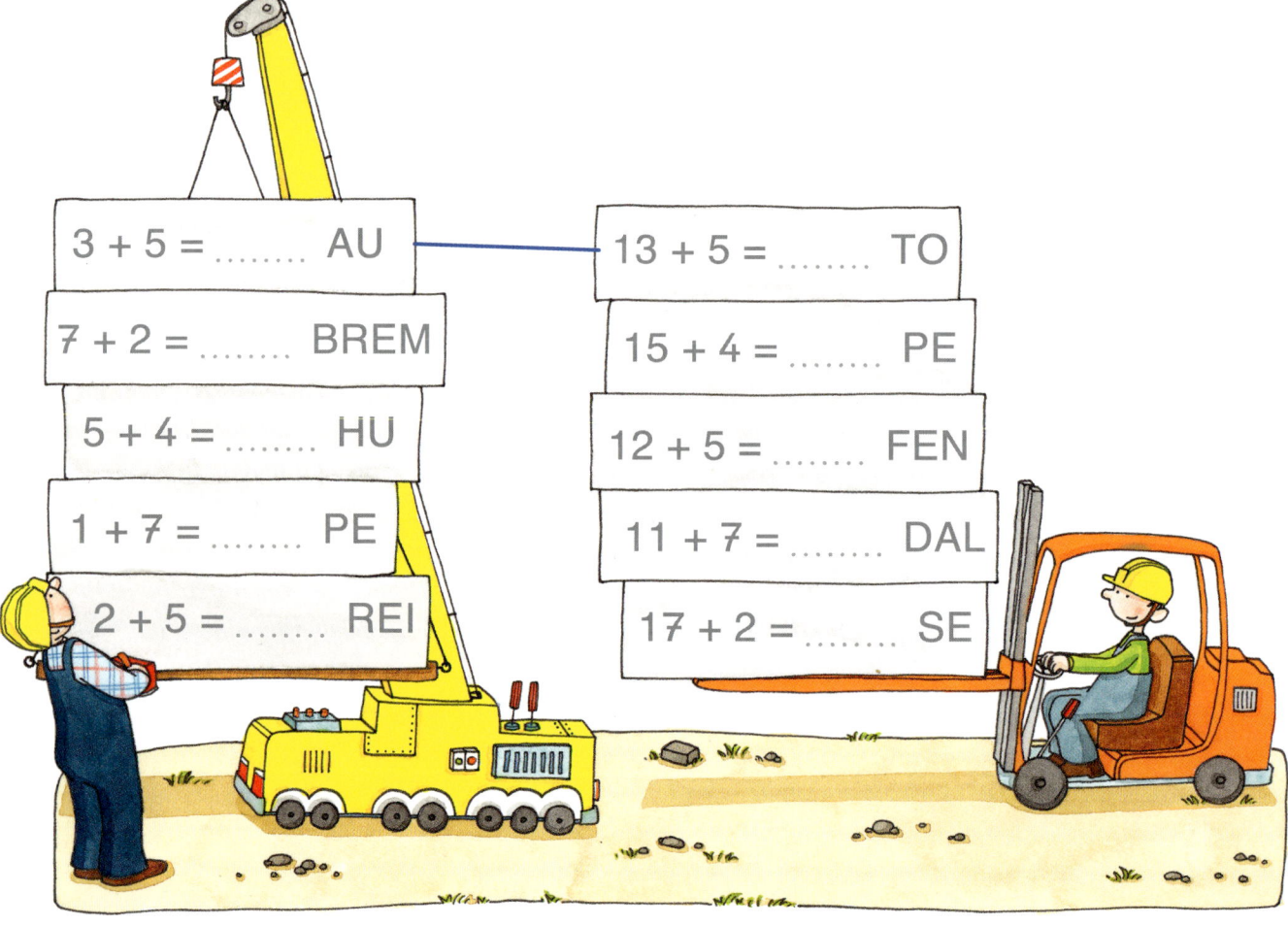

3 + 5 = ... AU

7 + 2 = ... BREM

5 + 4 = ... HU

1 + 7 = ... PE

2 + 5 = ... REI

13 + 5 = ... TO

15 + 4 = ... PE

12 + 5 = ... FEN

11 + 7 = ... DAL

17 + 2 = ... SE

Was fällt dir auf? ....

....

Üben 2 Schreibe die Wörter von Üben 1 auf.

Auto ....

....

....

....

....

Üben 3 Löse mithilfe der Analogieaufgabe.

2 + 3 = 5 ....

12 + 3 = ...   14 + 5 = ...   13 + 6 = ...

....

16 + 2 = ...   11 + 8 = ...   12 + 7 = ...

Wissen und Verstehen

Jede Plusaufgabe hat 4 **Nachbaraufgaben.**

$$6 + 4 = 10$$

$$7 + 3 = 10 \qquad 7 + 4 = 11 \qquad 7 + 5 = 12$$

$$8 + 4 = 12$$

Üben Ergänze.

$$\underline{4} + 4 = \underline{}$$

$$5 + \underline{} = \underline{} \qquad 5 + 4 = \underline{} \qquad 5 + \underline{} = \underline{}$$

$$\underline{} + 4 = \underline{}$$

$$8 + 5 = \underline{}$$

Wissen und Verstehen

Das sind Minusaufgaben.

$7 - 3 = 4$

Sprich: **7 minus 3 gleich 4**

Üben 1 In jedem Bild ist eine Minusaufgabe versteckt.

.... − .... = ...

.... − .... = ...

.... − .... = ...

.... − .... = ...

Üben 2  Welche Minusaufgaben sind hier gelegt?

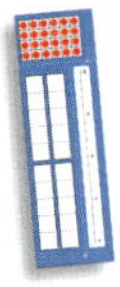

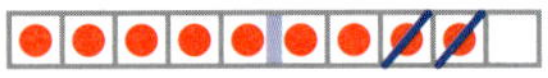

$$9 - 2 = 7$$

.... – .... = ...

.... – .... = ...

.... – .... = ...

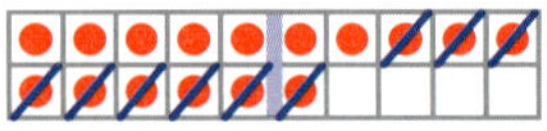

.... – .... = ...

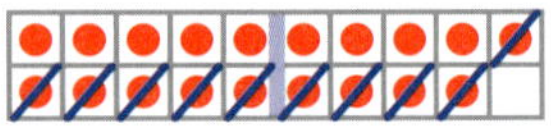

.... – .... = ...

Üben 3 Lege und rechne.

8 – 6 = ...	19 – 3 = ...
9 – 8 = ...	18 – 6 = ...
10 – 3 = ...	14 – 3 = ...
6 – 4 = ...	17 – 5 = ...
5 – 1 = ...	20 – 10 = ...
15 – 7 = ...	11 – 8 = ...
13 – 5 = ...	16 – 9 = ...

Üben 4 Ergänze.

$20 - \boxed{8} = 12$ $13 - \boxed{} = 7$

$15 - \boxed{} = 13$ $12 - \boxed{} = 8$

$16 - \boxed{} = 11$ $18 - \boxed{} = 9$

$15 - \boxed{} = 12$ $14 - \boxed{} = 7$

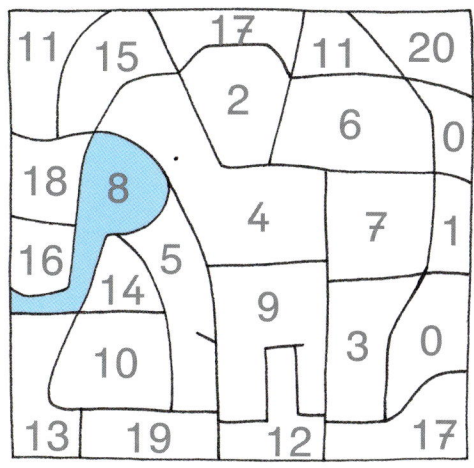

Üben 5 In den Rädern stehen viele Minusaufgaben.

Wissen und Verstehen

Zu jeder Plusaufgabe gibt es genau eine Minusaufgabe
als **Umkehraufgabe.**

$5 + 3 = 8$ $8 - 3 = 5$ **Umkehraufgabe**

Zu jeder Minusaufgabe gibt es genau eine Plusaufgabe
als **Umkehraufgabe.**

$16 - 4 = 12$ $12 + 4 = 16$ **Umkehraufgabe**

Mit der Umkehraufgabe kannst du ein Ergebnis überprüfen.
Das ist die **Probeaufgabe.**

Üben Immer zwei Kärtchen gehören zusammen.

☀ $4 + 2 = $ **6**   ❤ $11 + 6 = $ ....

⭐ $9 - 3 = $ ....   🍃 $8 + 7 = $ ....   ☀ $6 - 2 = $ **4**

🌙 $13 - 6 = $ ....   🍏 $15 - 4 = $ ....

$17 - 6 = $ .... $15 - 7 = $ .... $6 + 3 = $ ....

$11 + 4 = $ .... $7 + 6 = $ ....

Wissen und Verstehen

So kannst du geschickt rechnen:

$3 + 14 =$ mit der **Tauschaufgabe:** $14 + 3 =$

$16 + 3 =$ mit der **Analogieaufgabe:** $6 + 3 =$

$8 + 7 =$ durch **Verdoppeln:** $8 + \boxed{8 - 1}^{\,7} =$

$4 + 9 =$ durch die
Nachbaraufgabe: $4 + \boxed{10 - 1}^{\,9} =$

Üben 1 Wie rechnest du $\boxed{8 + 9}$?

Üben 2 Rechne geschickt.

$5 + 6 = \ldots\ldots$ $7 + 8 = \ldots\ldots$ $9 + 2 = \ldots\ldots$

Zahlendedektiv	Extrarunde

Die Zahl ist um 7 größer als 9. Wie heißen ihre Nachbarn?

1 Welche Zahl liegt in der Mitte?

2   6   10   8   ⬤   14   7   ⬤   19

2 Rechne aus.

5   2   3   3   5   2

Was fällt dir auf?

....

3 Rechne aus.

20   12   4   20   11   9   1   1

4 Setze ein: **<** , **=** , **>** oder **+** , **−** .

5 + 4	**>**	6 + 2		8	◯	4	=	17	◯	5
17 − 3	◯	9 + 6		15	◯	3	<	19	◯	5
9 + 7	◯	8 + 8		18	◯	6	>	7	◯	4
13 − 7	◯	14 − 9		3	◯	11	=	8	◯	6
2 + 14	◯	9 + 9		14	◯	7	<	7	◯	2
19 − 8	◯	4 + 7		9	◯	6	=	20	◯	5

5 Stelle diese Kärtchen her.

Lege immer mit 5 Kärtchen eine Plusaufgabe.

 Schreibe alle Aufgaben auf.

Ich habe ☐ Aufgaben gefunden.

Wissen und Verstehen

Das sind Grundformen: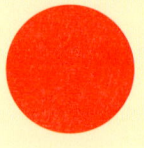

Kreis   **Drei**eck   **Vier**eck

Das sind besondere Vierecke:

 Quadrat

Alle Seiten sind
gleich lang.

 Rechteck

Nur die gegenüberliegenden
Seiten sind gleich lang.

Üben 1 Zähle.

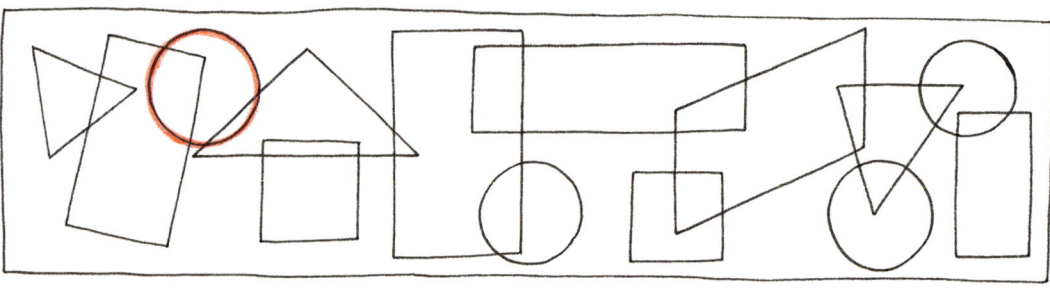

Üben 2 Markiere: ☐ ▭

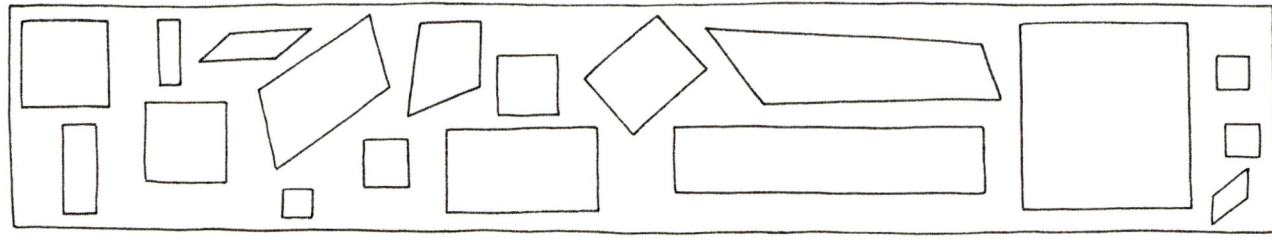

Wissen und Verstehen

Mit diesen Wörtern kannst du beschreiben, wo etwas ist.

links rechts vor hinter oben unten zwischen

Üben 1 Fahre mit. Was siehst du links (l)?
Was siehst du rechts (r)?

🏠	🛒	🪑	🐰	🌳	🦊
r					

Üben 2 Wo ist die Maus?

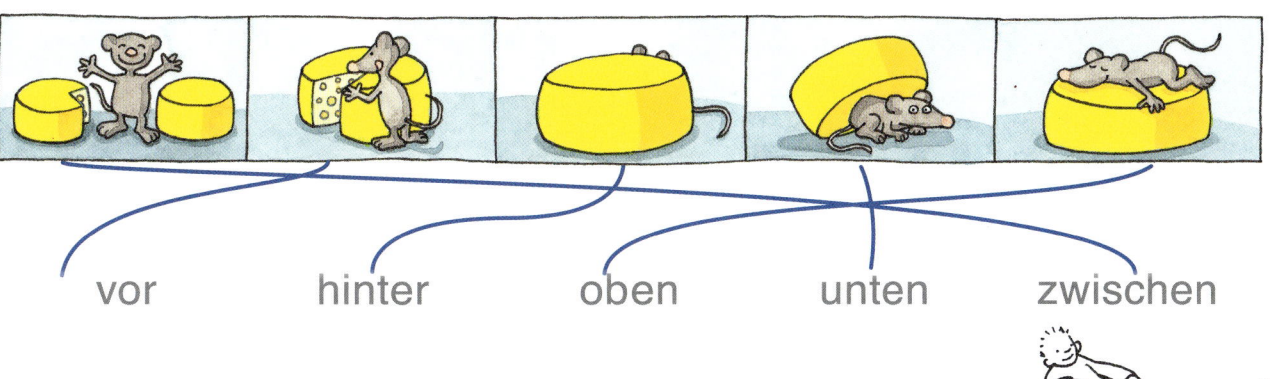

vor   hinter   oben   unten   zwischen

Wissen und Verstehen

Du kannst durch Falten oder Spiegeln **spiegelbildliche (symmetrische) Figuren** herstellen.

Diese Linie | heißt **Faltlinie** oder **Spiegelachse** oder **Symmetrieachse.**

Üben 1 Falte ein Blatt Papier in der Mitte.
Zeichne eine halbe Figur. Schneide sie aus.

Üben 2 Zu welchem Bild passt welche halbe Figur?

Wissen und Verstehen

Bei symmetrischen Figuren haben Bild und Spiegelbild genau die gleiche Form, Größe und Farbe.

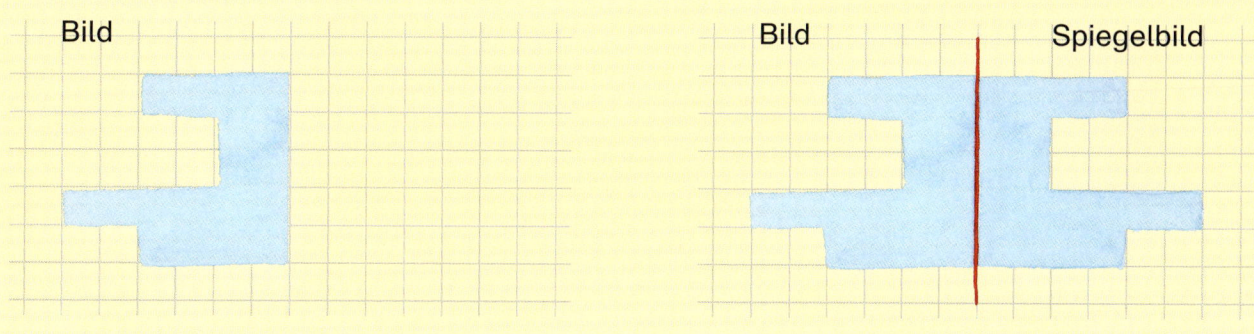

Üben 1 Ergänze das Spiegelbild.

Üben 2 Es fehlen die Spiegelachsen.

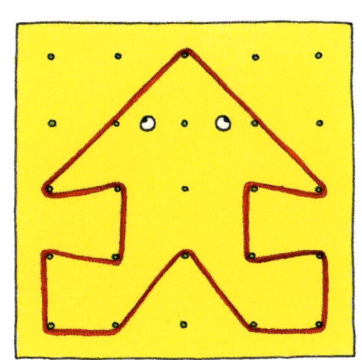  

35

Symmetrische Figuren herstellen

Üben 3 Ergänze die Spiegelbilder.

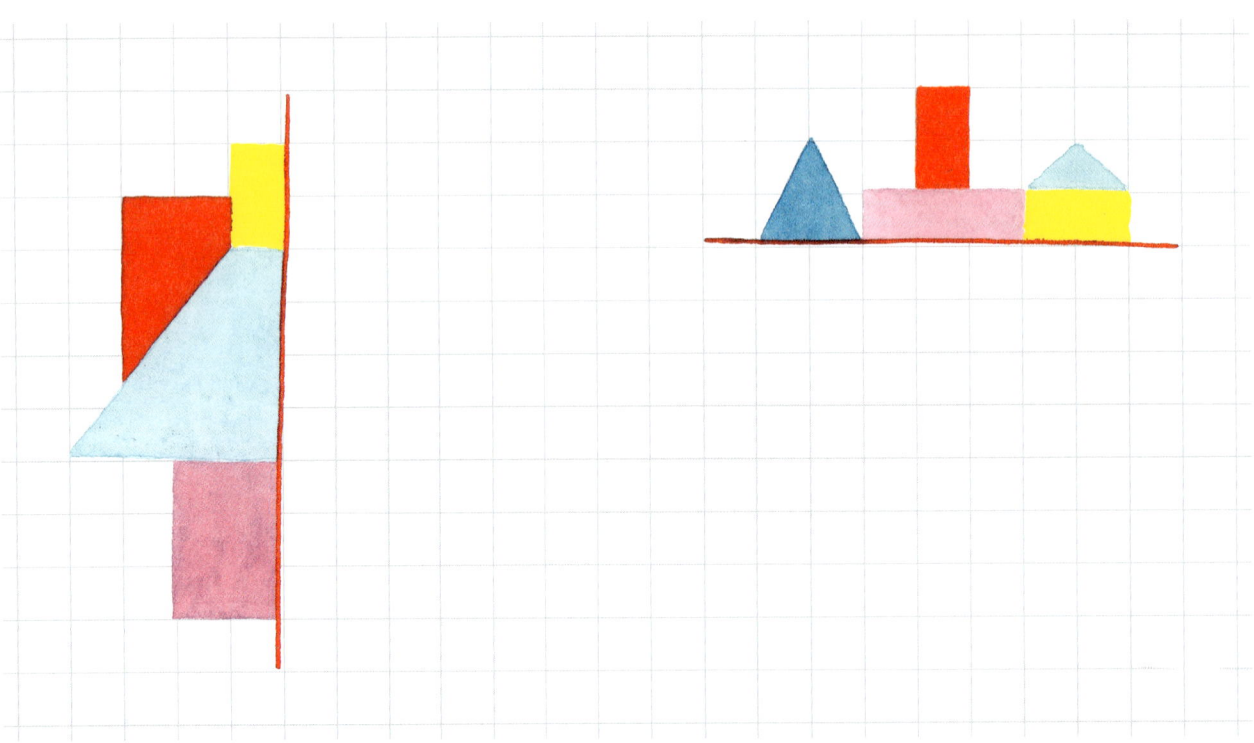

Farbenkünstler **Extrarunde**

Male

oben links einen Kreis,

oben rechts ein Quadrat,

unten links ein Dreieck,

unten rechts ein Rechteck.

Male das Feld **zwischen**

◯ und △ gelb,

◯ und ☐ blau,

☐ und ☐ rot,

△ und ☐ grün.

1 Falte.

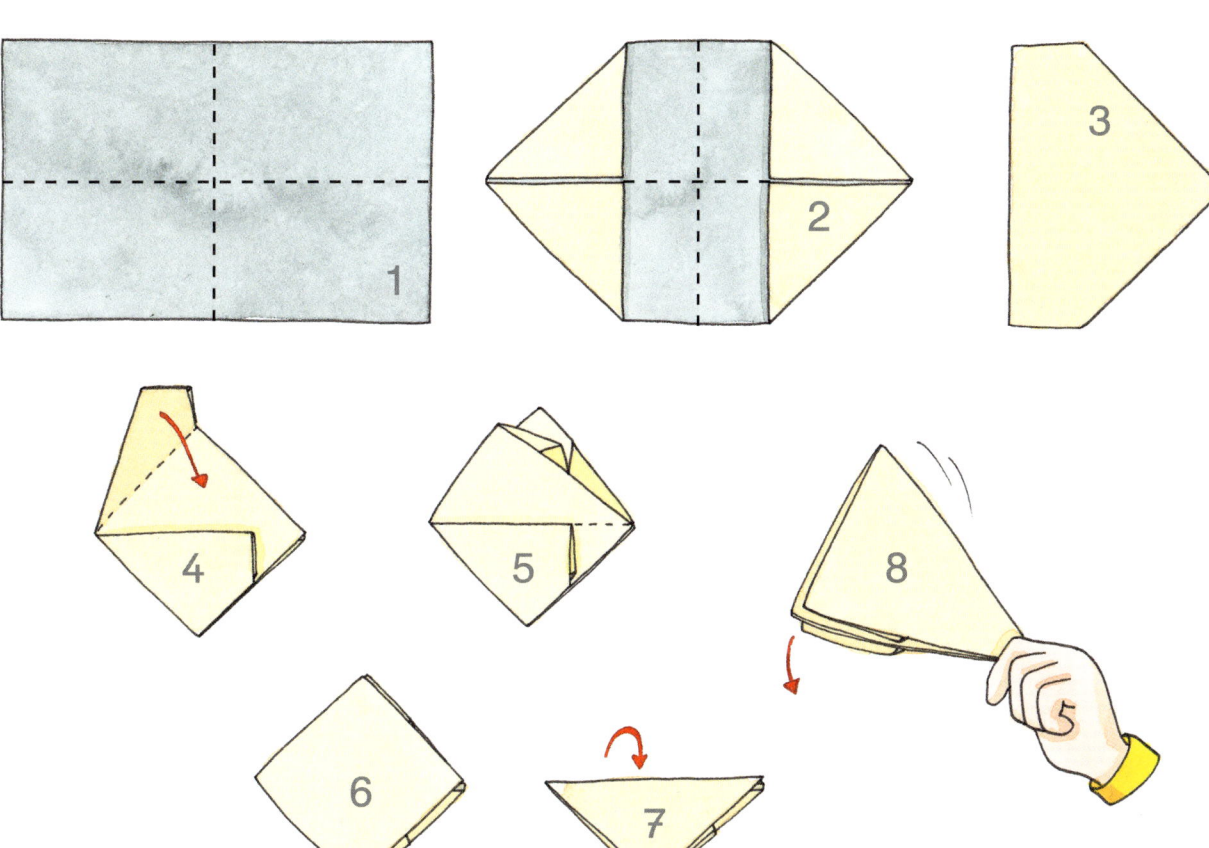

2 Wie viele Grundformen erkennst du?

	▭	☐	△
Bild 1			
Bild 2			
Bild 3			
Bild 6			

Wissen und Verstehen

Du kannst **Muster** mit verschiedenen Figuren und Formen herstellen.

Wichtig ist, dass du die Regel beachtest.

Auch in Zahlenfolgen kannst du Muster erkennen.
Wichtig ist, dass du die Regel beachtest.

2, 4, 6, 8, …, …, …, 16   Regel: + 2

Üben 1 Wie geht es weiter?

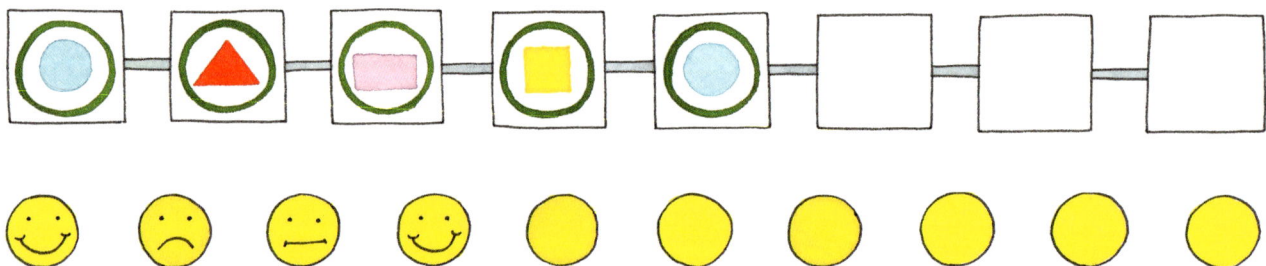

Üben 2 Beachte die Regeln.

Üben 3 Es fehlen die Regeln.

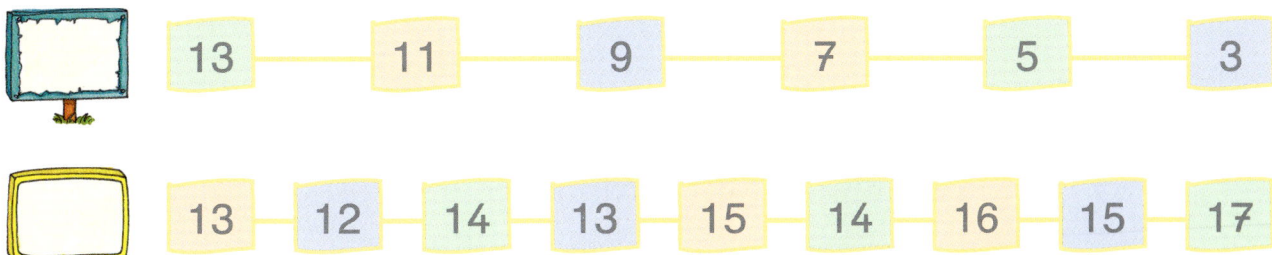

| 13 | 11 | 9 | 7 | 5 | 3 |

| 13 | 12 | 14 | 13 | 15 | 14 | 16 | 15 | 17 |

Üben 4 Erkennst du das Muster? Ergänze.

5 + 2 = ...

6 + 3 = ...

7 + ... = ...

.... + ... = ...

.... + ... = ...

11 – 4 = ...

12 – 5 = ...

13 – 6 = ...

.... – .... = ...

.... – .... = ...

Himmelsmuster

Extrarunde

1 Setze fort. Zähle die Kästchen.

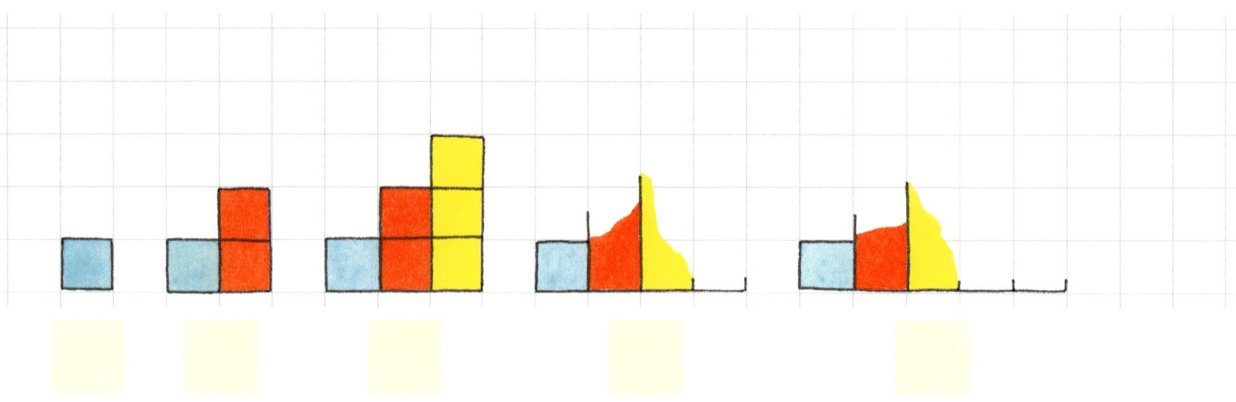

2 Zeichne die nächsten Quadrate. Sie werden immer größer. Zähle die Kästchen.

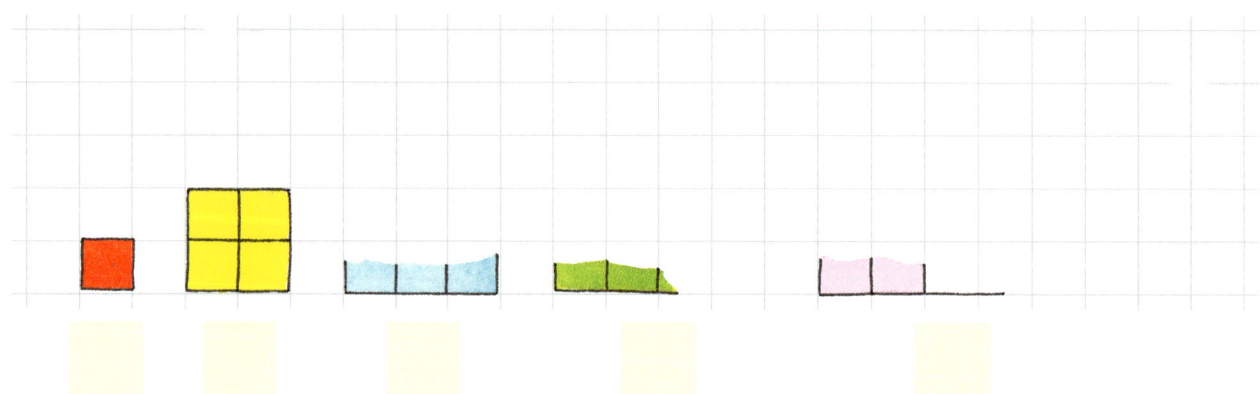

3 Wie geht es weiter?

1

2 + 2

3 + ... + ...

.... + ... + ... + ...

.... + ... + ... + ... + ...

Wissen und Verstehen

Bei uns und in vielen Ländern in Europa kannst du mit
Euro (€) und **Cent (ct)** bezahlen.
Es gibt diese Münzen:

1 ct 2 ct 5 ct 10 ct 20 ct 50 ct 1 € 2 €

Üben 1 Zähle das Geld.

Üben 2 Ergänze.

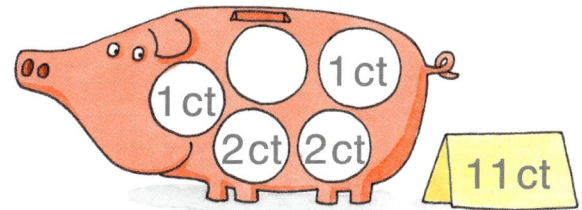 

Üben 3 Schreibe.

€	€										

Wissen und Verstehen

Es gibt diese Geldscheine:

| 5 € | 10 € | 20 € | 50 € | 100 € | 200 € | 500 € |

Üben 1 Ergänze.

	🪙	🪙	5	10	Preis
🎲	I	II	I	–	€
🎒	II	I	II	–	€
⛑️	–	II	I	I	€

Üben 2 Wie kannst du bezahlen? Gibt es mehr als 3 Möglichkeiten?

9 €			

Wissen und Verstehen

Du kannst Plus- und Minusaufgaben mit Geldbeträgen so rechnen:

2 ct + 3 ct = 5 ct   5 ct − 3 ct = 2 ct

3 € + 4 € = 7 €   7 € − 4 € = 3 €

Üben Was kostet es?

Rechnung:

Kinobesuch   **Extrarunde**

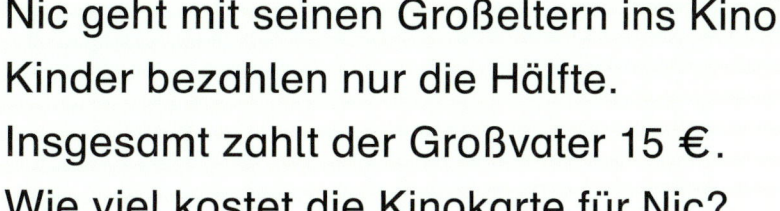

Nic geht mit seinen Großeltern ins Kino.
Kinder bezahlen nur die Hälfte.
Insgesamt zahlt der Großvater 15 €.
Wie viel kostet die Kinokarte für Nic?

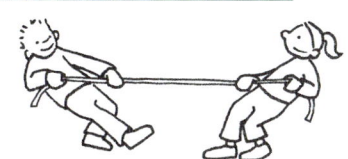

Wissen und Verstehen

Die Zeiger der Uhr zeigen die **Uhrzeit** an:

Der kleine 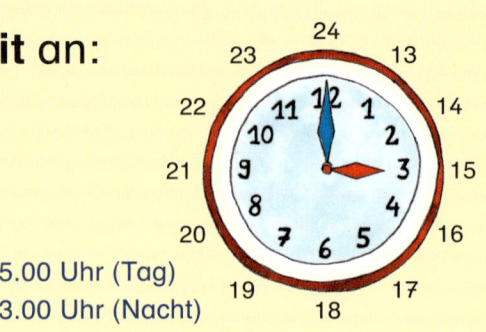 zeigt die Stunden.

Er heißt Stundenzeiger.

Der große zeigt die Minuten.

Er heißt Minutenzeiger.

Bei vollen Stunden steht der Minutenzeiger auf der 12.

15.00 Uhr (Tag)
3.00 Uhr (Nacht)

Üben 1 Lies beide Uhrzeiten ab.

.... Uhr .... Uhr .... Uhr .... Uhr

.... Uhr .... Uhr .... Uhr .... Uhr

Üben 2 Ergänze.

.... Uhr

20 Uhr

.... Uhr

17 Uhr

44

1 Kreuze an.

Hanna  3 €				
Luca  5 €				

2 Trage ein.

Das Sportfest

beginnt: .... Uhr.

Das Sportfest dauert 4 Stunden.

Das Sportfest

ist aus: .... Uhr.

Wissen und Verstehen

So kannst du Anzahlen ablesen und aufschreiben.

Strichliste

Jungen	Mädchen	Kinder gesamt
ЖШ I	ЖШ III	ЖШ ЖШ IIII

Streifendiagramm

Üben 1 Würfle 10-mal. Notiere als Strichliste.

	🎲	🎲	🎲	🎲	🎲	🎲
Striche						

Üben 2 So hat Lena gewürfelt:

	🎲	🎲	🎲	🎲	🎲	🎲
Striche	II	III	ЖШ	ЖШ I	I	III

Wie oft hat Lena gewürfelt? ....

Welche Zahl hat sie am häufigsten gewürfelt? ....

Üben 3 Übertrage in das Streifendiagramm.

Klasse 1a	👜	🎾	⚽	🩱	🥋
	III	HHT	HHT II	HHT III	HHT

Die beliebteste Sportart ist ....

Üben 4 Haustiere in Klasse 1c. Trage die Anzahlen in die Tabelle ein.

🐱	🐕	🐹	🐟	🐕

47

Wissen und Verstehen

Du kannst Rechengeschichten in Bildern entdecken oder in Texten lesen. Dazu kannst du dann passende Rechenaufgaben aufschreiben.

Üben 1 Ergänze.

Frage: Wie viele Eier sind im Nest?

Rechnung: ....

Antwort: Es sind .... Eier im Nest.

Üben 2 Ergänze.

Frage: Wie viele Hähnchenschlegel sind noch übrig?

Rechnung: ....

Antwort: Es sind noch .... Hähnchenschlegel übrig.

Üben 3 Beantworte die Fragen. Die Antworten findest du im Text und in den Bildern.

Ballett   Schwimmen   Fußball   Hockey   Turnen

Ayse geht seit 2 Jahren ins Turntraining. Mit wie viel Jahren

hat sie begonnen? ....

Ugur ist 2 Jahre älter als Ayse.

Wie alt ist er? ....

Mario schwimmt seit 5 Jahren. Er hat mit 3 Jahren angefangen.

Wie alt ist er jetzt? ....

Alex spielt erst seit einem Jahr Hockey. Wie alt war er,

als er angefangen hat? ....

Lisa ist seit 4 Jahren im Ballett. Sie hat mit 8 Jahren

angefangen. Wie alt ist sie? ....

49

Üben 4 Ergänze.

Frage: Mit welchem Geldschein wurde bezahlt?

Rechnung: ....

Antwort: ....

....

Abklatschen   **Extrarunde**

Beim Schwimmwettkampf klatschen
sich 5 Kinder gegenseitig ab.
Jedes wünscht jedem damit Glück.
Wie oft wird abgeklatscht?

1 Richtig ✓ oder falsch f ?

🟧 Ehrenurkunde

🟨 Siegerurkunde

🟦 Teilnehmerurkunde

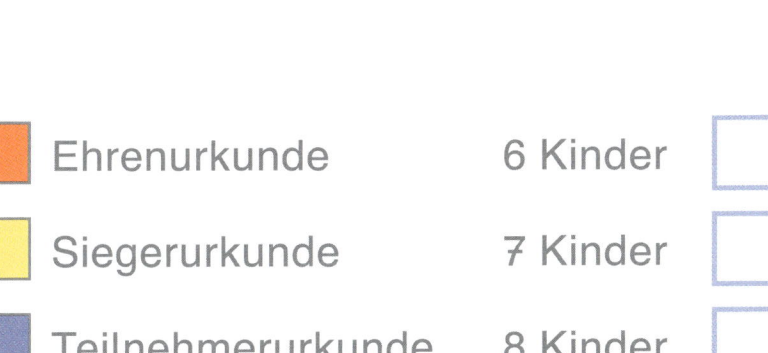

🟧 Ehrenurkunde	6 Kinder	☐
🟨 Siegerurkunde	7 Kinder	☐
🟦 Teilnehmerurkunde	8 Kinder	☐
☐ keine Urkunde	3 Kinder	☐

2 Trage ein.

🟧	🟨	🟦
Ehrenurkunden	**Siegerurkunden**	**Teilnehmerurkunden**
卌		
5		

In der Klasse 1a sind .... Kinder.

Lies zuerst die Aufgabe und löse sie.

Vergleiche dann deine Ergebnisse mit den Lösungen.

Male zu jeder Aufgabe nach der Kontrolle die Ampel so an:

Hier ist alles richtig.

Ich habe noch einige Fehler gemacht.

Das übe ich noch einmal.

Aufgabe 1 Wie heißt die Zahl?

  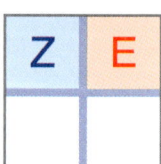

Zahl: ....   Zahl: ....   Zahl: ....

noch mal üben?

→ siehe Seite 10

Aufgabe 2 Setze ein: <, =, >

3 ⬤ 5   12 ⬤ 18

6 ⬤ 2   7 ⬤ 7

10 ⬤ 0   20 ⬤ 2

1 ⬤ 10   10 ⬤ 20

noch mal üben?

→ siehe Seite 12

Aufgabe 3 Markiere die Zahlen am Zahlenstrahl.

 8   12   4

 19   16

0

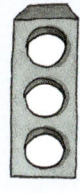

noch mal üben?

→ siehe Seite 14

Aufgabe 4 Löse geschickt.

3 + 4 = ...   7 − 6 = ...

13 + 4 = ...   17 − 6 = ...

5 + 2 = ...   9 − 4 = ...

15 + 2 = ...   19 − 4 = ...

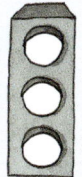

noch mal üben?

→ siehe Seite 22

Aufgabe 5 Ergänze.

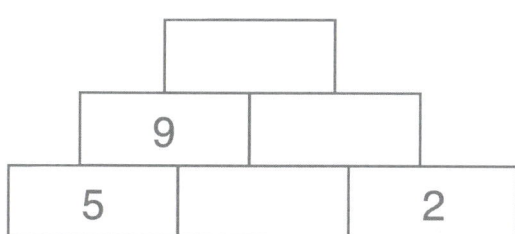

noch mal üben?

→ siehe Seite 28

Aufgabe 6 Erkennst du das Muster? Ergänze.

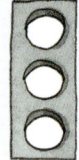

7 + 7 = ...   18 − 2 = ...

8 + 6 = ...   16 − 2 = ...

9 + 5 = ...   14 − 2 = ...

.... + ... = ... − .... = ...

.... + ... = ... − .... = ...

noch mal üben?
➔ siehe Seite 39

Aufgabe 7 Finde die Regel. Ergänze die fehlenden Zahlen.

17, 15, 16, 14, ..., ..., ..., ...

Regel: ....

noch mal üben?
➔ siehe Seite 38

Aufgabe 8 Wie viel Euro sind im Sparschwein?

Es sind .... Euro im Sparschwein.

noch mal üben?
➔ siehe Seite 41

Aufgabe 9 In Klasse 1c haben die Kinder verschiedene Lieblingsessen.
Lies die zugehörige Anzahl ab.

Pizza: [　]　　　　Spaghetti: [　]

Pfannkuchen: [　]　　　　Fischstäbchen: [　]

Wie viele Kinder sind in der Klasse?

....

noch mal üben?
➜ siehe Seite 46

Aufgabe 10 In Klasse 2b sind 19 Kinder.
11 davon sind Jungen.

Frage: Wie viele Mädchen sind in der Klasse?

Rechnung: ....

Antwort: ....

noch mal üben?
➜ siehe Seite 48

Aufgabe 11 Setze das Muster fort.

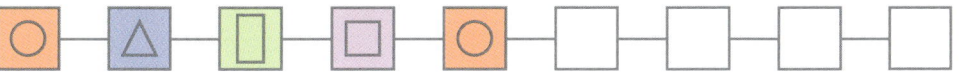

noch mal üben?
➜ siehe Seite 38

Lösungsteil

Seite 8 Üben 2

Welche Zahl steckt dahinter?

II	ШHI	III	ШHI ШHI	ШHI III
2	5	3	10	8

Seite 9 Üben 3

Ergänze.

Seite 9 Üben 4

Zu jedem Bild gehört eine Zahl.

7	9	6

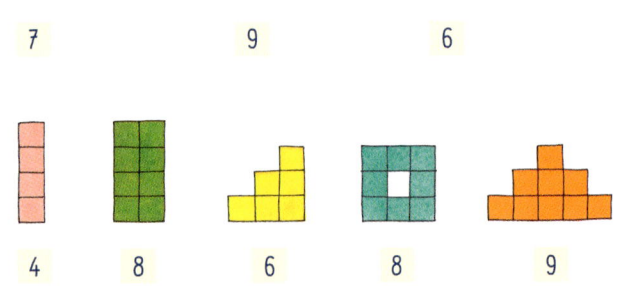

4	8	6	8	9

Seite 10 Üben 1

Lege die Zahlen mit Plättchen nach und male aus.

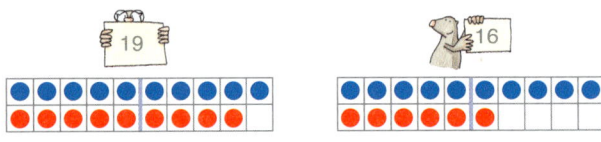

Seite 11 Üben 2

Kreise immer 10 ein. Zähle und notiere.

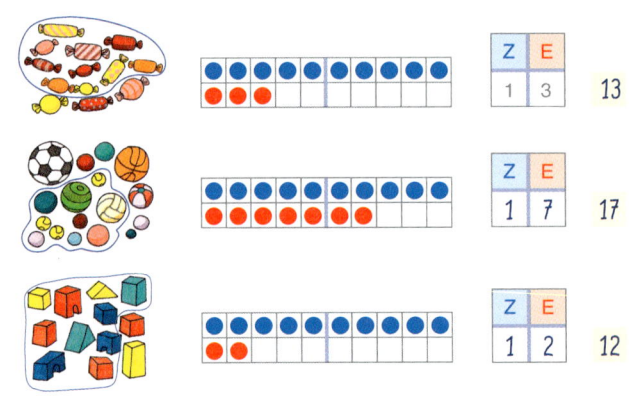

Seite 11 Üben 3

Zähle.

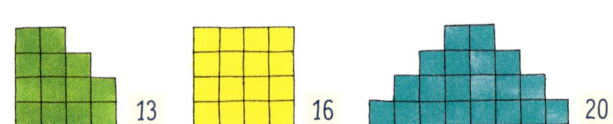

Seite 11 Üben 4

Da fehlt doch was!

1	2	3	4	5	6	7	8	9	10
11	12	13	14	15	16				

Seite 12 Üben 1

Vergleiche.

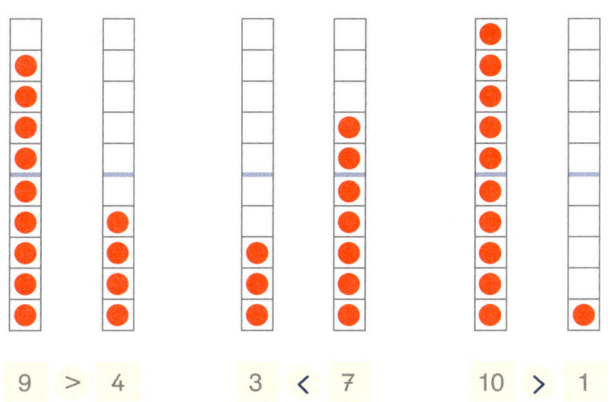

9 > 4   3 < 7   10 > 1

Seite 13 Üben 2

Vergleiche immer zwei Würfelbauten.

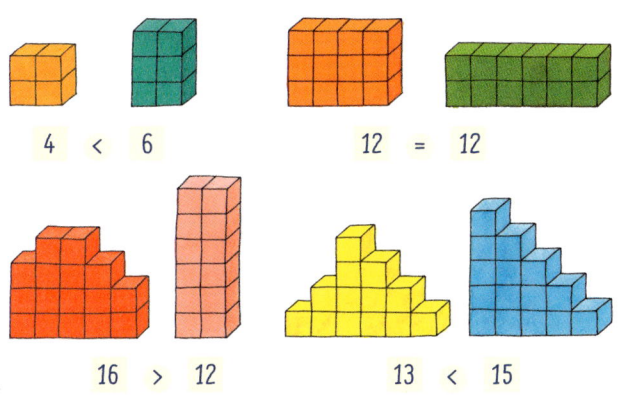

4 < 6   12 = 12

16 > 12   13 < 15

Seite 13 Üben 3

<, =, >?

3 < 13   10 > 0   17 < 18

7 < 17   15 > 9   13 = 13

Seite 13 Üben 4

Setze passende Zahlen ein.
Hier sind viele verschiedene Lösungen möglich, **zum Beispiel:**

6 > 5	15 < 16	8 < 10
10 > 5	15 < 17	14 > 11
13 > 5	15 < 19	4 = 4

Seite 14 Üben 1

Lies die Zahlen ab.

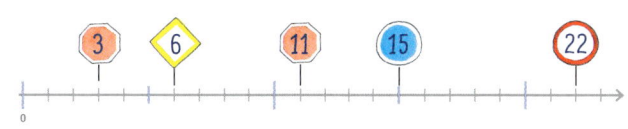

Seite 14 Üben 2

Ergänze.

Vor-gänger	Zahl	Nach-folger	Vor-gänger	Zahl	Nach-folger
2	3	4	14	15	16
5	6	7	9	10	11

Seite 15 Üben 1

Ergänze.

$2 + 7 = 9$

$9 + 3 = 12$

$12 + 6 = 18$

$4 + 11 = 15$

Seite 16 Üben 2

Immer 10. Finde alle Zerlegungen.

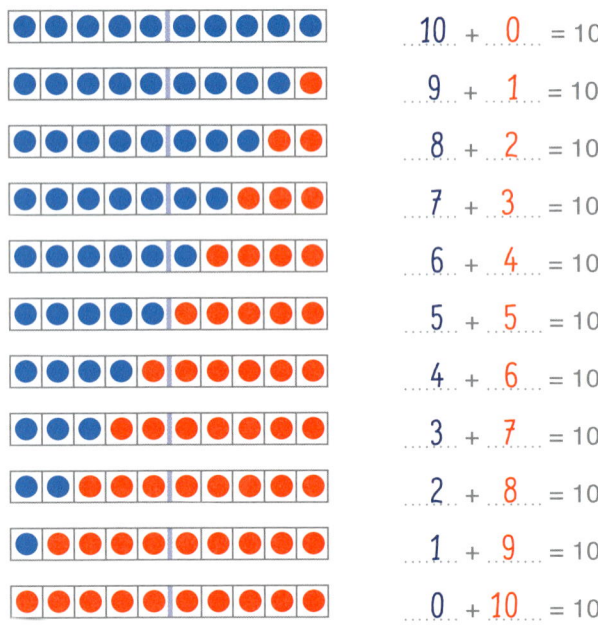

$$10 + 0 = 10$$
$$9 + 1 = 10$$
$$8 + 2 = 10$$
$$7 + 3 = 10$$
$$6 + 4 = 10$$
$$5 + 5 = 10$$
$$4 + 6 = 10$$
$$3 + 7 = 10$$
$$2 + 8 = 10$$
$$1 + 9 = 10$$
$$0 + 10 = 10$$

Das fällt mir auf:
Zu jeder Zerlegung gibt es eine Tauschaufgabe, außer zu der Verdopplungsaufgabe 5 + 5.

Die Zahl 10 hat 11 Zerlegungen.

Seite 17 Üben 3

Ergänze.

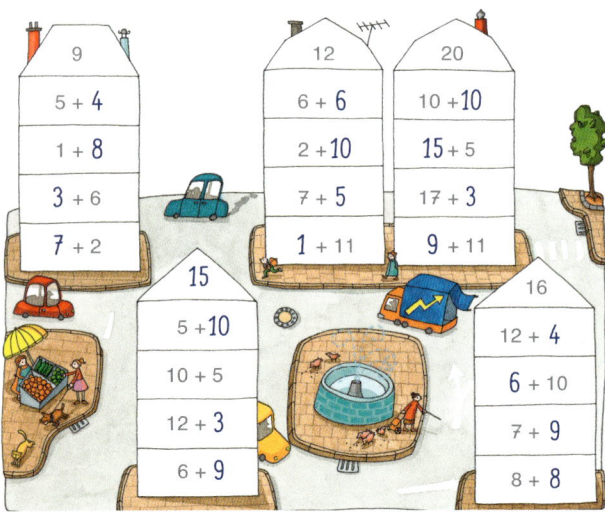

9
5 + 4
1 + 8
3 + 6
7 + 2

12
6 + 6
2 + 10
7 + 5
1 + 11

20
10 + 10
15 + 5
17 + 3
9 + 11

15
5 + 10
10 + 5
12 + 3
6 + 9

16
12 + 4
6 + 10
7 + 9
8 + 8

Seite 17 Extrarunde

Die Zahl 5 hat 6 Zerlegungen.
Die Zahl 8 hat 9 Zerlegungen.
Für den dritten Satz gibt es verschiedene Möglichkeiten,
zum Beispiel:
Die Zahl 3 hat 4 Zerlegungen.

Seite 18 Üben 1

Schreibe die Plusaufgabe und rechne.

$$4 + 2 = 6$$

$$11 + 1 = 12$$

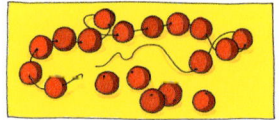

$$13 + 5 = 18$$

$$9 + 6 = 15$$

Seite 19 Üben 2

Zu jedem Würfelbild passt mindestens eine Plusaufgabe.

$$6 + 2 = 8 \qquad 3 + 4 = 7 \qquad 6 + 5 = 11$$

Seite 19 Üben 3

Male die Würfelaugen und rechne.

$$5 + 4 = 9 \qquad 4 + 6 = 10 \qquad 6 + 6 = 12$$

Seite 19 Üben 4

Ergänze.

Seite 19 Üben 5

Lege und rechne.

+	1	2	5	6	8	0
4	5	6	9	10	12	4
9	10	11	14	15	17	9

Seite 20 Üben 1

Schreibe eine Plusaufgabe und die Tauschaufgabe. Überlege, welche Aufgabe du schneller rechnen kannst.

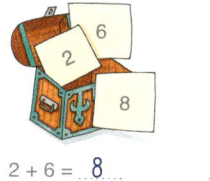  

2 + 6 = 8   4 + 7 = 11   3 + 13 = 16
6 + 2 = 8   7 + 4 = 11   13 + 3 = 16

Seite 20 Üben 2

Mit der Tauschaufgabe rechnest du schneller und sicherer.

5 + 7 = 12   4 + 12 = 16   13 + 7 = 20
7 + 5 = 12   12 + 4 = 16   7 + 13 = 20

Seite 21 Üben 1

Löse die Verdopplungsaufgaben.

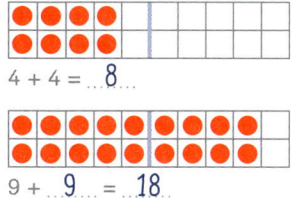 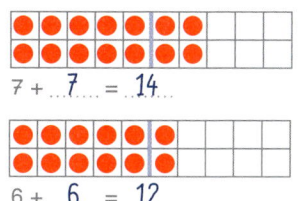

4 + 4 = 8   7 + 7 = 14

9 + 9 = 18   6 + 6 = 12

Seite 21 Üben 2

Markiere das Doppelte von 1, 2, 3 … 10.

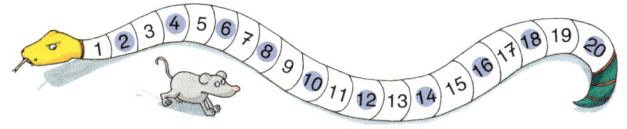

Was fällt dir auf?
Das Doppelte ist immer eine gerade Zahl.

Seite 22 Üben 1

Immer zwei Kärtchen gehören zusammen.

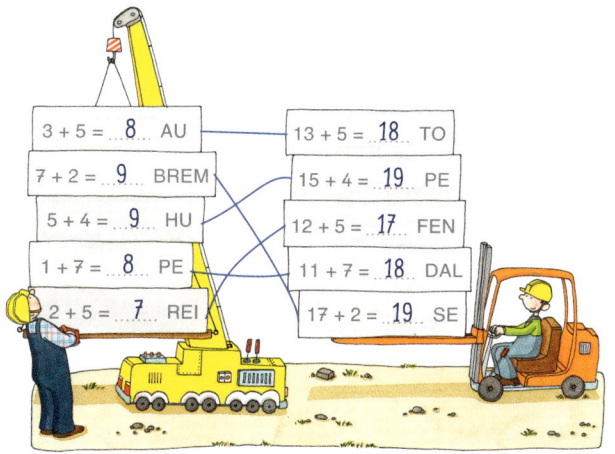

3 + 5 = 8   AU   13 + 5 = 18   TO
7 + 2 = 9   BREM   15 + 4 = 19   PE
5 + 4 = 9   HU   12 + 5 = 17   FEN
1 + 7 = 8   PE   11 + 7 = 18   DAL
2 + 5 = 7   REI   17 + 2 = 19   SE

Was fällt dir auf?
Das Ergebnis der zweiten Aufgabe ist immer um 10 größer als das der „leichten" Aufgabe.

Seite 23 Üben 2

Schreibe die Wörter von Üben 1 auf.

Auto
Bremse
Hupe
Pedal
Reifen

Seite 23 Üben 3

Löse mithilfe der Analogieaufgabe.

2 + 3 = 5	4 + 5 = 9	3 + 6 = 9
12 + 3 = 15	14 + 5 = 19	13 + 6 = 19
6 + 2 = 8	1 + 8 = 9	2 + 7 = 9
16 + 2 = 18	11 + 8 = 19	12 + 7 = 19

Seite 24 Üben

Ergänze.

4 + 4 = 8
5 + 3 = 8   5 + 4 = 9   5 + 5 = 10
6 + 4 = 10
7 + 5 = 12
8 + 4 = 12   8 + 5 = 13   8 + 6 = 14
9 + 5 = 14

Seite 25 Üben 1

In jedem Bild ist eine Minusaufgabe versteckt.

6 − 1 = 5   5 − 2 = 3

11 − 3 = 8   15 − 4 = 11

Seite 26 Üben 2

Welche Minusaufgaben sind hier gelegt?

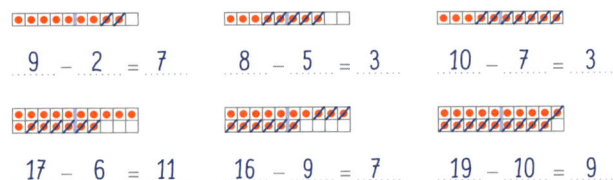

9 − 2 = 7	8 − 5 = 3	10 − 7 = 3
17 − 6 = 11	16 − 9 = 7	19 − 10 = 9

Seite 26 Üben 3

Lege und rechne.

8 − 6 = 2	19 − 3 = 16
9 − 8 = 1	18 − 6 = 12
10 − 3 = 7	14 − 3 = 11
6 − 4 = 2	17 − 5 = 12
5 − 1 = 4	20 − 10 = 10
15 − 7 = 8	11 − 8 = 3
13 − 5 = 8	16 − 9 = 7

Seite 27 Üben 4

Ergänze.

20 − **8** = 12   13 − **6** = 7

15 − **2** = 13   12 − **4** = 8

16 − **5** = 11   18 − **9** = 9

15 − **3** = 12   14 − **7** = 7

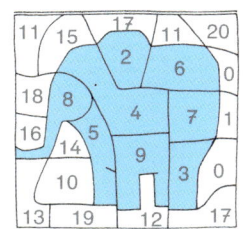

Seite 27 Üben 5

In den Rädern stehen viele Minus-
aufgaben.

Seite 28 Üben

Immer zwei Kärtchen gehören
zusammen.

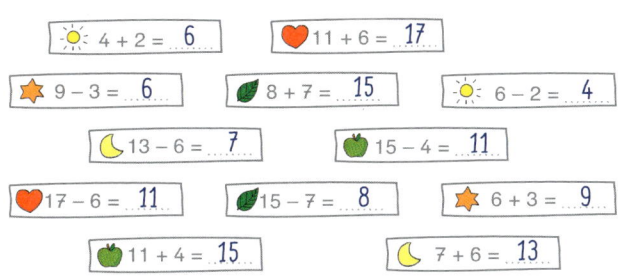

☀ 4 + 2 = **6**   ❤ 11 + 6 = **17**

⭐ 9 − 3 = **6**   🍃 8 + 7 = **15**   ☀ 6 − 2 = **4**

🌙 13 − 6 = **7**   🍎 15 − 4 = **11**

❤ 17 − 6 = **11**   🍃 15 − 7 = **8**   ⭐ 6 + 3 = **9**

🍎 11 + 4 = **15**   🌙 7 + 6 = **13**

Seite 29 Üben 1

Wie rechnest du 8 + 9 ?

$$8 + \triangle{\substack{9 \\ 10-1}} = 17$$

Seite 29 Üben 2

Rechne geschickt.

5 + 6 = **11**   7 + 8 = **15**

$$5 + \triangle{\substack{6 \\ 5+1}} = 11 \qquad 7 + \triangle{\substack{8 \\ 7+1}} = 15$$

9 + 2 = **11**

$$9 + \triangle{\substack{2 \\ 1+1}} = 11$$

Seite 29 Extrarunde

Die Zahl ist um 7 größer als 9.
Wie heißen ihre Nachbarn?
Antwort: 15 und 17

Seite 30 Bist du fit? 1

Welche Zahl liegt in der Mitte?

2   **6**   10   8   **11**   14   7   **13**   19

Seite 30 Bist du fit? 2

Rechne aus.

Was fällt dir auf?
Die Zahlen unten sind gleich, aber anders angeordnet. Das Ergebnis ist größer, wenn die größte Zahl in der unteren Reihe in der Mitte steht.

Seite 30 Bist du fit? 3

Rechne aus.

Seite 31 Bist du fit? 4

Setze ein: **<**, **=**, **>** oder **+**, **−**.

$5 + 4$ **>** $6 + 2$ 8 **+** 4 **=** 17 **−** 5

$17 − 3$ **<** $9 + 6$ 15 **±** 3 **<** 19 **±** 5

$9 + 7$ **=** $8 + 8$ 18 **−** 6 **>** 7 **+** 4

$13 − 7$ **>** $14 − 9$ 3 **+** 11 **=** 8 **+** 6

$2 + 14$ **<** $9 + 9$ 14 **−** 7 **<** 7 **+** 2

$19 − 8$ **=** $4 + 7$ 9 **+** 6 **=** 20 **−** 5

Seite 31 Bist du fit? 5

Lege immer mit 5 Kärtchen eine Plusaufgabe. Schreibe alle Aufgaben auf.

$1 + 2 = 3$ $2 + 1 = 3$ $3 + 1 = 4$
$1 + 3 = 4$ $2 + 3 = 5$ $3 + 2 = 5$
$1 + 4 = 5$ $2 + 4 = 6$ $3 + 4 = 7$
$1 + 5 = 6$ $2 + 5 = 7$ $3 + 5 = 8$
$1 + 6 = 7$ $2 + 6 = 8$ $3 + 6 = 9$
$1 + 7 = 8$ $2 + 7 = 9$
$1 + 8 = 9$

$4 + 1 = 5$ $5 + 1 = 6$ $6 + 1 = 7$ $7 + 1 = 8$
$4 + 2 = 6$ $5 + 2 = 7$ $6 + 2 = 8$ $7 + 2 = 9$
$4 + 3 = 7$ $5 + 3 = 8$ $6 + 3 = 9$
$4 + 5 = 9$ $5 + 4 = 9$

$8 + 1 = 9$

Ich habe **32** Aufgaben gefunden.

Seite 32 Üben 1

Zähle.

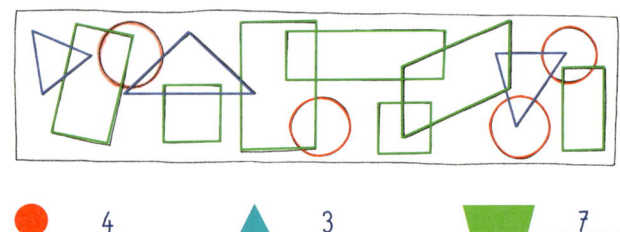

🔴 4   🔺 3   🟩 7

Seite 32 Üben 2

Markiere: ☐ ☐

Seite 33 Üben 1

Fahre mit. Was siehst du links (l)?
Was siehst du rechts (r)?

🏠	🛒	🪑	🐇	🌳	🦊
r	r	l	r	l	r

Seite 33 Üben 2

Wo ist die Maus?

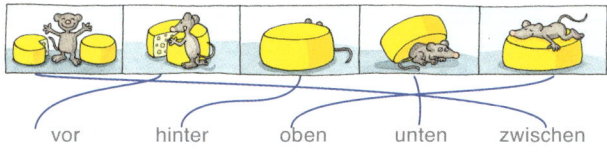

vor   hinter   oben   unten   zwischen

Seite 34 Üben 1

Falte ein Blatt Papier in der Mitte.
Zeichne eine halbe Figur. Schneide sie
aus.
Wenn du alles so gemacht hast wie in
der Anleitung, sieht deine Figur am
Ende aus wie dieser Baum:

Natürlich kannst du auf diese Weise
auch ganz andere Figuren herstellen.

Seite 34 Üben 2

Zu welchem Bild passt welche halbe
Figur?

Seite 35 Üben 1

Ergänze das Spiegelbild.

Seite 35 Üben 2

Es fehlen die Spiegelachsen.

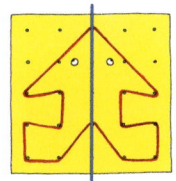 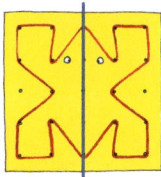 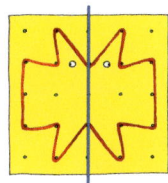

Seite 36 Üben 3

Ergänze die Spiegelbilder.

Seite 36 Extrarunde

Male
oben links einen Kreis,
oben rechts ein Quadrat,
unten links ein Dreieck,
unten rechts ein Rechteck.
Male das Feld **zwischen**

○ und △ gelb,
○ und □ blau,
□ und □ rot,
△ und □ grün.

Seite 37 Bist du fit? 1

Falte.
Wenn du richtig gefaltet hast, sieht
deine Knalltüte am Schluss so aus:
Sie macht einen Knall, wenn du sie
mit Schwung nach unten bewegst.

Seite 37 Bist du fit? 2

Wie viele Grundformen siehst du?

	▭	□	△
Bild 1	5	0	0
Bild 2	5	0	6
Bild 3	1	0	1
Bild 6	0	1	0

Seite 38 Üben 1

Wie geht es weiter?

Seite 38 Üben 2

Beachte die Regeln.

Seite 39 Üben 3

Es fehlen die Regeln.

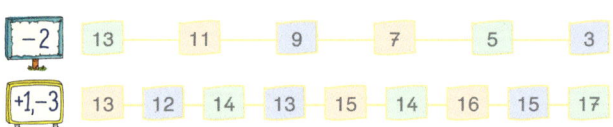

Seite 39 Üben 4

Erkennst du das Muster? Ergänze.

5	+	2	= 7	11 − 4	=	7
6	+	3	= 9	12 − 5	=	7
7	+	4	= 11	13 − 6	=	7
8	+	5	= 13	14 − 7	=	7
9	+	6	= 15	15 − 8	=	7

Seite 39 Extrarunde

Seite 40 Bist du fit? 1

Setze fort. Zähle die Kästchen.

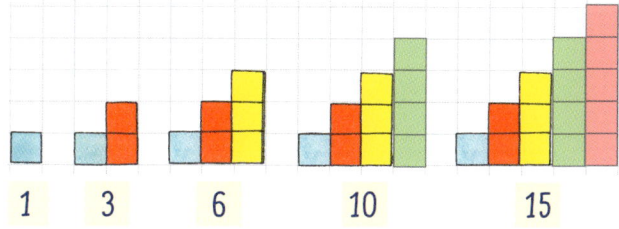

1 3 6 10 15

Seite 40 Bist du fit? 2

Zeichne die nächsten Quadrate.
Sie werden immer größer. Zähle die Kästchen.

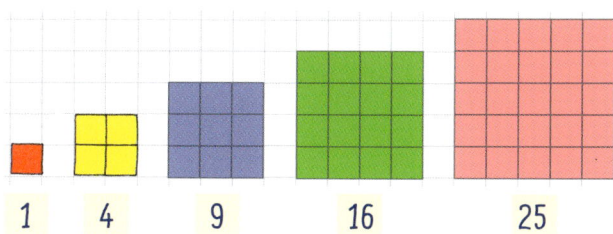

1 4 9 16 25

Seite 40 Bist du fit? 3

Wie geht es weiter?

1
2 + 2
3 + 3 + 3
4 + 4 + 4 + 4
5 + 5 + 5 + 5 + 5

Seite 41 Üben 1

Zähle das Geld.

Seite 41 Üben 2

Ergänze.

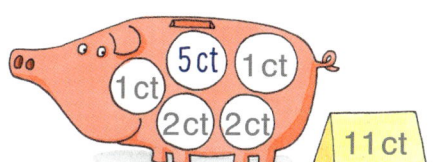

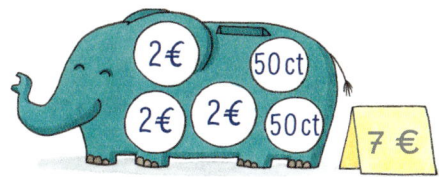

Seite 41 Üben 3

Schreibe.

€	€	€	€	€	€	€	€	€	€	€

Seite 42 Üben 1

Ergänze.

		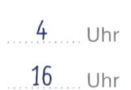	5	10	Preis
🎲	I	II	I	–	€
🎒	II	I	II	–	€
🧢	–	II	I	I	€

Seite 42 Üben 2

Wie kannst du bezahlen? Gibt es mehr als 3 Möglichkeiten?

zum Beispiel:

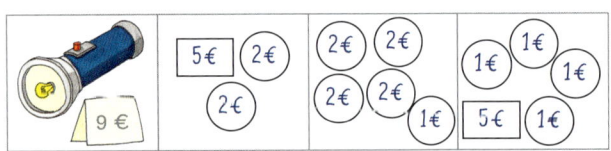

Es gibt noch viel mehr Möglichkeiten, wenn man auch mit Centstücken bezahlt.

Seite 43 Üben

Was kostet es?

Rechnung:
Junge: 11 € + 5 € + 2 € = 18 €
Mädchen: 11 € + 4 € + 2 € = 17 €

Seite 43 Extrarunde

Nic geht mit seinen Großeltern ins Kino.
Kinder bezahlen nur die Hälfte.
Insgesamt zahlt der Großvater 15 €.
Wie viel kostet die Kinokarte für Nic?

Lösung: 3 €

Seite 44 Üben 1

Lies beide Uhrzeiten ab.

4 Uhr   7 Uhr   11 Uhr   1 Uhr
16 Uhr   19 Uhr   23 Uhr   13 Uhr

Seite 44 Üben 2

Ergänze.

   8 Uhr      5 Uhr
               20 Uhr   17 Uhr

Seite 45 Bist du fit? 1

Kreuze an.

zum Beispiel:

		🌭	🥤	🍦	🍾
Hanna	3 €	X	X		
		X		X	
Luca	5 €	X	X	X	X
		XX			X

Seite 45 Bist du fit? 2

Trage ein.

Das Sportfest
beginnt: 9.00 Uhr.

Das Sportfest dauert 4 Stunden.

Das Sportfest
ist aus: 13.00 Uhr.

Seite 46 Üben 1

Würfle 10-mal. Notiere als Strichliste.

Hier hast du deine persönliche Strichliste erstellt.

Seite 46 Üben 2

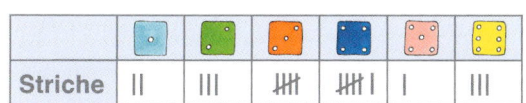

Striche	II	III	ΙΙΙΙ	ΙΙΙΙ I	I	III

Wie oft hat Lena gewürfelt? ...20-mal...

Welche Zahl hat sie am häufigsten gewürfelt? .4.

Seite 47 Üben 3

Übertrage in das Streifendiagramm.

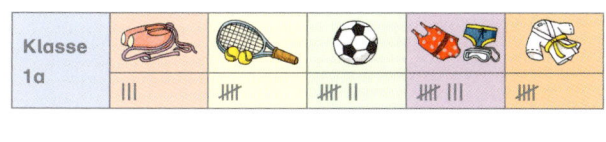

Klasse 1a	III	ΙΙΙΙ	ΙΙΙΙ II	ΙΙΙΙ III	ΙΙΙΙ

Die beliebteste Sportart ist ...Schwimmen...

Seite 47 Üben 4

Haustiere in Klasse 1c.
Trage die Anzahlen in die Tabelle ein.

ΙΙΙΙ I 6	ΙΙΙΙ 5	II 2	III 3	IIII 4

Seite 48 Üben 1

Ergänze.

Frage: Wie viele Eier sind im Nest?
Rechnung: 9 + 6 = 15
Antwort: Es sind 15 Eier im Nest.

Seite 48 Üben 2

Ergänze.

Frage: Wie viele Hähnchenschlegel sind noch übrig?
Rechnung: 11 − 3 = 8
Antwort: Es sind noch 8 Hähnchen- schlegel übrig.

Seite 49 Üben 3

Beantworte die Fragen. Die Antworten findest du im Text und in den Bildern.

Ayse geht seit 2 Jahren ins Turntraining. Mit wie viel Jahren

hat sie begonnen? ...mit 7 Jahren...

Ugur ist 2 Jahre älter als Ayse.

Wie alt ist er? ..11 Jahre...

Mario schwimmt seit 5 Jahren. Er hat mit 3 Jahren angefangen.

Wie alt ist er jetzt? ..8 Jahre...

Alex spielt erst seit einem Jahr Hockey. Wie alt war er,

als er angefangen hat? ..6 Jahre...

Lisa ist seit 4 Jahren im Ballett. Sie hat mit 8 Jahren

angefangen. Wie alt ist sie? ..12 Jahre...

Seite 50 Üben 4

Ergänze.

Frage: Mit welchem Geldschein wurde bezahlt?
Rechnung: 20 € − 11 € = 9 € oder 11 € + 9 € = 20 €
Antwort: Es wurde mit einem 20-€-Schein bezahlt.

Seite 50 Extrarunde

Beim Schwimmwettkampf klatschen sich 5 Kinder gegenseitig ab. Jedes wünscht jedem damit Glück. Wie oft wird abgeklatscht?

Antwort: 10-mal

Seite 51 Bist du fit? 1

Richtig ✓ oder falsch f ?

🟧	Ehrenurkunde	6 Kinder	f
🟨	Siegerurkunde	7 Kinder	✓
🟦	Teilnehmerurkunde	8 Kinder	✓
⬜	keine Urkunde	3 Kinder	f

Seite 51 Bist du fit? 2

Trage ein.

🟧 Ehrenurkunden	🟨 Siegerurkunden	🟦 Teilnehmerurkunden
ⅧⅠ	ⅧⅠⅠⅠ	ⅧⅠⅠⅠⅠ
5	7	8

In der Klasse 1a sind 20 Kinder.

Seite 52 Aufgabe 1

Wie heißt die Zahl?

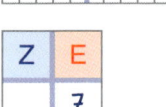

Z	E
	7

Z	E
1	3

Z	E
1	9

Zahl: 7   Zahl: 13   Zahl: 19

Seite 52 Aufgabe 2

Setze ein: <, =, >.

$3 < 5$ $12 < 18$

$6 > 2$ $7 = 7$

$10 > 0$ $20 > 2$

$1 < 10$ $10 < 20$

Seite 53 Aufgabe 3

Markiere die Zahlen am Zahlenstrahl.

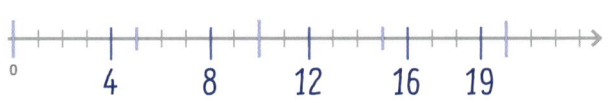

Seite 53 Aufgabe 4

Löse geschickt.

$3 + 4 = 7$ $7 - 6 = 1$

$13 + 4 = 17$ $17 - 6 = 11$

$5 + 2 = 7$ $9 - 4 = 5$

$15 + 2 = 17$ $19 - 4 = 15$

Seite 53 Aufgabe 5

Ergänze.

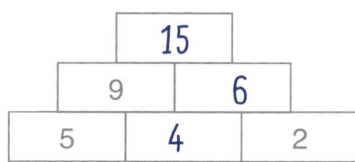

	15	
9	6	
5	4	2

Seite 54 Aufgabe 6

Wie geht es weiter?

$7 + 7 = 14$ $18 - 2 = 16$

$8 + 6 = 14$ $16 - 2 = 14$

$9 + 5 = 14$ $14 - 2 = 12$

$10 + 4 = 14$ $12 - 2 = 10$

$11 + 3 = 14$ $10 - 2 = 8$

Seite 54 Aufgabe 7

Finde die Regel. Ergänze die fehlenden Zahlen.

17, 15, 16, 14, 15, 13, 14, 12

Regel: −2, +1

Seite 55 Aufgabe 8

Wie viel Euro sind im Sparschwein?

Es sind 18 Euro im Sparschwein.

Seite 55 Aufgabe 9

In Klasse 1c haben die Kinder verschiedene Lieblingsessen. Lies die zugehörige Anzahl ab.

Pizza: 6   Spaghetti: 7

Pfannkuchen: 4   Fischstäbchen: 3

Wie viele Kinder sind in der Klasse?

Es sind 20 Kinder in der Klasse.

Seite 55 Aufgabe 10

In Klasse 2b sind 19 Kinder. 11 davon sind Jungen.

Frage: Wie viele Mädchen sind in der Klasse?
Rechnung: $19 - 11 = 8$
Antwort: Es sind 8 Mädchen in der Klasse.

Seite 55 Aufgabe 11

Setze das Muster fort.

Z	E
	3
1	6

< ist kleiner als

2 < 3

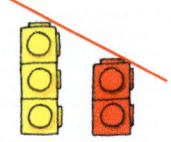

> ist größer als

3 > 2

= gleich

2 = 2

+ Addition/plus

addieren, zusammenzählen, hinzufügen

5 + 2 = 7

– Subtraktion/minus

subtrahieren, abziehen, wegnehmen

7 – 2 = 5

Größen

Geld

Euro **€**

Cent **ct**

1 € = 100 ct

Zeit

Stunde **h**

Minute **min**

1 h = 60 min

1 Uhr

13 Uhr

Geometrie

Ebene Figuren

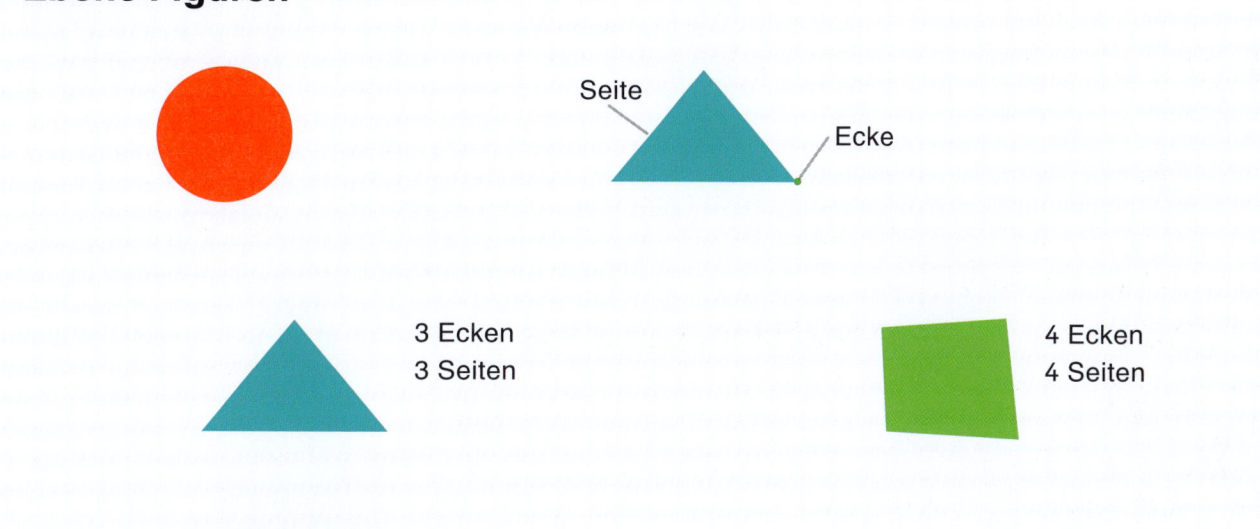

Seite

Ecke

3 Ecken
3 Seiten

4 Ecken
4 Seiten

gegenüber-
liegende Seiten
gleich lang

4 gleich
lange Seiten

Symmetrie

Spiegelbildliche (symmetrische) Figur

  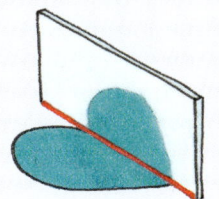

Diese rote Linie
heißt Faltlinie
oder Spiegelachse
oder Symmetrieachse.